ଅପରାପର

ଅପରାପର

ଡ. ଅଶୋକ କୁମାର ସିଂହ

BLACK EAGLE BOOKS
2021

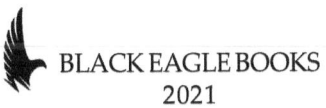

BLACK EAGLE BOOKS

USA address:
7464 Wisdom Lane
Dublin, OH 43016

India address:
E/312, Trident Galaxy, Kalinga Nagar,
Bhubaneswar-751003, Odisha, India

E-mail: info@blackeaglebooks.org
Website: www.blackeaglebooks.org

First International Edition Published by
BLACK EAGLE BOOKS, 2021

APARAPARA
by **Dr. Ashok Kumar Singha**

Copyright © **Dr. Ashok Kumar Singha**

All rights reserved. No part of this publication may be reproduced, stored in a retrieval system, or transmitted, in any form or by any means, electronic, mechanical, photocopying, recording or otherwise without the prior permission of the publisher.

Cover Art: **Ramakanta Samantaray**
Interior Design: Ezy's Publication

ISBN- 978-1-64560-176-0 (Paperback)

Printed in the United States of America

ସୂଚିପତ୍ର

ଅଷ୍ଟାଙ୍ଗ	୯
ଅବିଚଳିତ	୧୩
ଅଭଙ୍ଗା	୧୫
ଅଫେରା	୧୭
ଅଣଲେଉଟା	୧୨
ଅଦିନିଆ	୧୫
ଅପ୍ରେମ	୧୭
ଅଦୃଷ୍ଟ	୧୯
ଅହିଂସା	୨୦
ଅଗମ୍ୟ	୨୨
ଅଳନ୍ଧୁ	୨୩
ଅପରାଜିତ	୨୫
ଅନାବନା	୨୭
ଅବେଳ	୨୮
ଅଦୁଃଖ	୩୦
ଅଧୈର୍ଯ୍ୟ	୩୨
ଅଲୋଡ଼ା	୩୪
ଅନବସର	୩୫
ଅହଲ୍ୟା	୩୭
ଅଜଣା	୩୯
ଅପ୍ସରା	୪୧
ଅସମୟ	୪୩
ଅଦୃଶ୍ୟ	୪୫
ଅପେକ୍ଷା	୪୭

ଅଚଳ	୪୯
ଅବଧୂତ	୫୧
ଅନାଥ	୫୩
ଅନଳ	୫୫
ଅଦେଖା	୫୭
ଅଖାଇ	୫୯
ଅବଳା	୬୧
ଅସାବଧାନ	୬୩
ଅଜଣା	୬୪
ଅଙ୍ଗାର	୬୫
ଅନାଗତ	୬୭
ଅସହାୟ	୬୭
ଅପରିଚିତ	୬୮
ଅଦମ୍ୟ	୬୯
ଅଲଗା	୭୦
ଅଲାଭୁକ	୭୨
ଅସର୍ତ୍ତକ	୭୩
ଅଭାବ	୭୪
ଅଦୃଶ୍ୟ	୭୫
ଅଭେଦ୍ୟ	୭୬
ଅଥଚ	୭୮
ଅକାଳ	୮୦
ଅନାମ	୮୧
ଅଭୁଲା	୮୨
ଅକୁହା	୮୩
ଅଭିଶାପ	୮୪

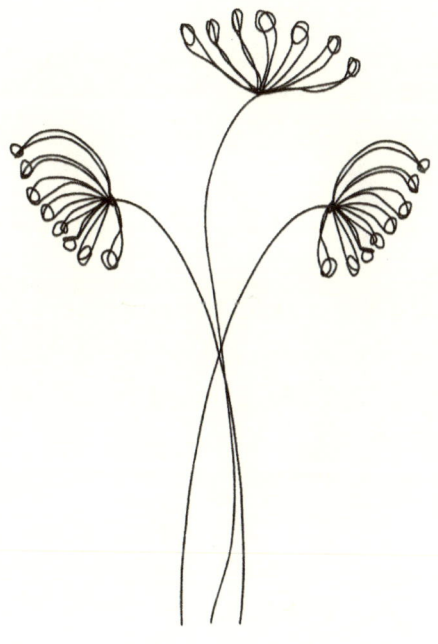

ଅଷ୍ଟାଙ୍ଗ

୧ : ହାତ

ତୁ ଥିଲୁ ବୋଲି ତ
ରହିଲା ନାହିଁ ଡେଙ୍ଗରେ ଫୁଲ
ଗୁନ୍ଥା ହେଲା ଗଜରା ମାଳ

ଏବେ କେହି ତ ନାହିଁ
ଗୋଟେ ନିବିଡ଼ ଆଲିଙ୍ଗନ ପାଇଁ
ତଥାପି ଥା, ଲୁହ ଟୋପାକ, ପୋଛିବା ପାଇଁ

ଯାହା ମିଳିବାର ନାହିଁ
ସେ ତ ମୋ ହାତରେ ନାହିଁ।

୨ : ଛାତି

କେତେ ସହିପାରେ ଏ ଛାତି
ଆତଙ୍କ, ଆତିଶଜ୍ୟ
ପ୍ରେମ, ପ୍ରତାରଣା
ସାହସ, ଭୀତି

କେତେବେଳେ ପାଣି ହୋଇଯାଏ
କେତେବେଳେ ପଥର

କେଉଁ ଉପାଦାନରେ ଗଢା ଏ ଛାତି
ଚାଲିଥିବା ଯାଏ ସକାଳ, ଶୋଇଲେ ରାତି।

୩: କପାଳ

କିଏ କାଟି ଥିଲା ଏ ଗାର
ଯାହା ପାଇଁ ଏ ସବୁ ଖେଳ
ସବୁ ପରାଜୟ ଯାକ ମୋର
ସବୁ ଚୋରା ତାସ ପତି ତାର
ପରାଜୟ ବେଶି କିଛି ନୁହେଁ ମ
ଆଞ୍ଜୁଳେ ବାଲି, ଆଉ ଖଣ୍ଡେ ଭଙ୍ଗା ବାଲିଘର।

୪: ଆଖି

ତୁମେ ଯାହା ଦେଖିଛ
ମୁଁ ବି ଦେଖିଛି
ଦେଖିଛି ସେ ବିଶ୍ୱରୂପ
ରାଜା, ଫକୀର
ଲୋଲୁପତା, ତୃପ୍ତି
ଦେଖିଛି ବାଡ଼ବ, ଲୁହର ଫୁଆରା
ଆଖି ବୁଜି ହେଲା ପରେ କଣ
ଜାଣିନି ସେକଥା
ଯାହା ଜାଣିଛି, ସେ ସବୁ ଖାଲି ଶୁଣା କଥା।

୫: ହୃଦୟ

ଯେତେ ବୋଧ କଲି ଶୋଇଲୁ ନାହିଁ
ସବୁ ଅବୁଝା ଗଣିତ କଣ ତୋରି ପାଇଁ

କିଛି ନ ମାନିଲୁ ତ ନାହିଁ
ଟିକେ ଯାଗା ରଖିଥିବୁ ତ

ସାଇତି ରଖିବାକୁ,
ଶୁଖିଲା ନଈର ଶୋଷ
ଲୁଟା ଡଙ୍ଗରର ଶେଷ କୁରେଇ ଫୁଲ
ଆଉ ଜଳି ପାରୁଥିବା ଗୋଟେ ଶୀତଳ ନିଆଁର ଝୁଲ।

୬: ତଣ୍ଟି

ସବୁ ଘୋଷି ଆସିଛି
ଶୁଣିବାକୁ ଥିବ ତ ?
ଗାଳି, ଅଭିଯୋଗ,
ମାଗୁଣି, ଜଣାଣ

ହେଲେ ଯେବେ ଦେଖିଲି
ସବୁ ତ ଅଟକି ଗଲା ତଂଟିରେ
କଣ ବା କହି ପାରିଲି

ତୁମେ ବି କୋଉ କହି ପାରିଲ ଯେ,
ସେ ହସ ଧାରକ,
ବୁଝିଥିବାର ନା ନ ବୁଝିବାର।

୭: ବେକ

ଯାହା ଦେଲ ବେଢ଼େଇ ଦେଲି
ପାଟ ପୀତାମ୍ବରୀ, ନାଗ ସାପ
ତୁମେ ଅମୃତ ନେଲ ତ ନିଅ
ଦେଇଥିବା ବିଷ ପିଇ ମୁଁ ନୀଳ କଣ୍ଠ
ଅନ୍ତତଃ ସଞ୍ଚରଣ ରୋକିଦେବା ପାଇଁ,
ହେଲେ ମନେ ରଖିଥିବ, ଯାହା ନେଇଛ
ବାଂଟିଦେବା ପାଇଁ,
ଦରକାର ବେଳେ।

୮ : ପିଠି

ବହୁତ ଯତ୍ନରେ ତିଆରିଥିଲା ମା
ତେଲ ଘସି
ମାଷ୍ଟ୍ରେ ତିଆରି ଥିଲେ ଛାଟରେ

ସେଇଥି ପାଇଁ ତ ସଂଭାଳି ନେଲି
କୋରଡ଼ା ମାଡ଼
ବିନା ପ୍ରତିବାଦରେ

ବୋହି ପାରିଲି ମଲା ଦେହ
ଏଇ ପିଠିରେ
ଶ୍ମଶାନ ଯାଏଁ, ନିର୍ଲ୍ଲଜ ଆଖି ମାନଙ୍କ ଆଗରେ

ଆଉ ବୋହି ପାରିଲି ମୋତେ ବି
ଆଉଜି ପଡିଲା ବେଳେ
ଭଙ୍ଗା ପାହାଡ଼ରେ ।

■

ଅବିଚଳିତ

ମୋତେ ଜଡ ବୋଲି ଭାବନା
ମୁଁ ଧୂଳି ଧୂସର ମାଟି ଖଣ୍ଡେ ବୋଲି
ମୋ ଛାତିରେ ଗାର କାଟି ପାରନ୍ତି ସମସ୍ତେ
ଦଳେ ଏ ପାଖରେ, ଦଳେ ସେ ପାଖରେ

ଅନେକ ପ୍ରତିଶ୍ରୁତିର ଉଇହୁଙ୍କା ମୁଁ ଦେଖିଛି
ଅନେକ ଲହୁ ଦେଇଛି, ପିଇଛି; ଆଉ ନୁହେଁ
ବହୁତ ହେଲା, ମୋତେ ଖଣ୍ଡ ଖଣ୍ଡ କରିବା 'ଆଜାଦୀ' ନାଁରେ
ଏବେ ଗାର ଲିଭାଇ ମୋତେ ଏକାଠି କରିଦିଅ

ମୁଁ ବି ଜାଣିଛି ଶତ୍ରୁ କିଏ
ମୋତେ ବିଶ୍ୱାସ କର,
ମୁଁ ତୁମଠୁ ଅଧିକା ଜାଣେ ନେତାଙ୍କୁ, ସାମ୍ବାଦିକଙ୍କୁ
ମୁଁ ହାଡ଼େ ହାଡ଼େ ଚିହ୍ନେ, ସେ ଭଡାଟିଆ ପଥରବାଜଙ୍କୁ
ଶତ୍ରୁ ଦୂତାବାସରୁ ପଇସା ଖାଇ,
ପିଲାଙ୍କୁ ଉଷୁକାଉଥିବା,
ସେ ଧୂର୍ତ୍ତ ପ୍ରଫେସର, ଟି.ଭି. ଆଙ୍କରଙ୍କୁ।

ସେମାନେ କେହି ଜାଣନ୍ତିନି
ମୁଁ କଣ ଚାହେଁ, କେମିତି ଜିଏ ?

ମୋତେ ଜଡ଼ ବୋଲି ଭାବନା
ମୁଁ ସାଧାରଣ ମଣିଷଟିଏ ।

ମୁଁ ଜାଣେ ମୋତେ ମୋ ମାଟିଠୁ କେହି ଅଲଗା କରି ପାରିବନି
ତୁମେ ଏତେ ମୋ ବିଷୟରେ ଭାବନି, ଲେଖନି
ମୁଁ ଜାଣେ ମୁଁ କାହାର
ମୁଁ ହିଁ ଏକେଲା ମୋର
ମୁଁ ଜାଣେ ଏ ତୀରଙ୍ଗା ମୋର
ଯେତିକି ତୁମର ସେତିକି ମୋର ।

■

ଅଭଙ୍ଗା

ଯେତେ ଚୁରିଲି
ଯେତେ ଘୋରିଲି
କିଛି ହେଲା ନାହିଁ
ଛନ୍ଦରେ ଛଂଦିଲି
ବନ୍ଧରେ ବାନ୍ଧିଲି
ଭଡାରେ ଆଣିଲି ଆତତାୟୀ
ପଛରୁ ଛୁରୀ ବି ଭୁଷିଲି
କିଛି ହେଲାନାହିଁ
ମିଶାଇ ପିଆଇ ଦେଲି
ବିଷ ଓ ବିଶ୍ୱାସ
କାଟିବାକୁ ଚେଷ୍ଟା କଲି
ମୋହ ଓ ମାନସ, ଛଳନାରେ

ପବନକୁ କହିଲି ଉଡ଼େଇ ନେ
ଢେଉକୁ କହିଲି ବୁଡେଇ ଦେ
ହାରିଗଲି, ନିଜ ସାମର୍ଥ୍ୟ ଲୁଟେଇ ଦେଲି
ଚୋରାବାଲିରେ,
ମୁଣ୍ଡା ପାଲଟି ଗଲା ଜିଭର ଶାଣିତ ଶବ୍ଦ
ନୀରବି ଗଲା ମୋର ଦର୍ପିତ ଆହ୍ୱାନ
ତୁମକୁ ଭାଙ୍ଗିବାକୁ,
ଜାତିରେ, ଧର୍ମରେ, ଭାଷାରେ।

ହେଲାନାହିଁ, ତୁମେ ସେମିତି ଚାହିଁଥିଲ
କମନୀୟ ମୁଦ୍ରାରେ, ମୂର୍ତ୍ତି ମନ୍ତ ହୋଇ
କଳା ବାଦଲ ହଟାଇ, ଇନ୍ଦ୍ରଧନୁ ଧରି
ସାତ ରଙ୍ଗ ପସରା ମେଲାଇ
ମୋର ଅହଂକାରରେ ଆଛନ୍ନ
ଦୁଇ ଆଖି ଦେଇ ଝଲସାଇ
ତୁମ ପାଦ ଟାଣିଲି, ତୁମେ ଅଚଳ ଅଟଳ
ତୁମକୁ ବୁଝିବାକୁ ଚେଷ୍ଟାକଲି ଏଥର
ବୁଝିଲି ତୁମେ ପରିବ୍ୟାପ୍ତ, ଗଙ୍ଗାଠୁଁ ଗୋଦାବରୀ
କାଶ୍ମୀର ଠୁଁ କନ୍ୟାକୁମାରୀ
ତୁମର ମୋର ସମ୍ପର୍କ, ଅଭଙ୍ଗା
ଖାଲି ଏତିକି ବୁଝିବା ଦର୍କାର
ତୁମେ ମୋର ଦାୟିତ୍ୱ
ନା ମୁଁ ତୁମର ?

■

ଅଫେରା

ଏତେ ରାସ୍ତା ସାଙ୍ଗରେ ଚାଲିଚେ
ହେଲେ ମୁଁ ତୁମକୁ ସାଙ୍ଗରେ ଯିବାକୁ ଡାକୁ ନାହିଁ
ଯାହା ପାରିଛି ସାଉଁଟି ନେଇଛି, ଲୋଭରେ
ତାକୁ ଛାଡି ଯାଉଛି ଏଇଠି
ତୁମ ପ୍ରେମ, ତୁମ ସ୍ପର୍ଶ, ଅର୍ଜିତ ପାପ, ଧନ

ମୋ ଯିବା ପରେ, ହୁଏତ
ତୁମ ଆଖିରେ ଜକେଇ ଆସିବ ଲୁହ
ଉବୁକି ଉଠିବ କୋହ
ମୁଁ କିନ୍ତୁ ଚାହିଁଲେ ବି ଦେଖି ପାରିବି ନାହିଁ
ତୁମ ମୋ ଭିତରର ଦୂରତା ବହୁତ ବଢି ଯାଇଥିବ ସେତେବେଳେ

ମୂଳରୁ ହିଁ ଜାଣିଥିଲି ଏମିତି ଯିବି ବୋଲି
ତୁମେ ବି ନଥିଲ ଅଜଣା
ତା ହେଲେ କାହିଁକି ଗଢ଼ିଲେ ଏତେ ବଡ଼ କଳ୍ପନା ଉଆସ
କାହିଁକି ସଜାଇ ବସିଲେ ଏତେ ପ୍ରତିଶ୍ରୁତି
କାହିଁକି ଥାପି ଦେଲେ ଏତେ ଛଳନା, ଉନ୍ମାଦନାର ଶେଯ

ମୋତେ ଛାଡ଼ି ଆସିଲେ ସମସ୍ତେ, ତୁମେ ବି
କେହି କହିଲେ ନାହିଁ ଫେରି ଆସିବାର ବାଟ
କେମିତି ମୁଁ ହଠାତ ଶୂନ୍ୟ ହୋଇଗଲି, ମୋ ଦେହରୁ

ତୁମ ମାନଙ୍କ ଦେହ ଗହଳିରୁ
ମୁଁ ପଛକୁ ଚାହିଁଛି, ସତ କହୁଛି

ହେଲେ କାହାକୁ ଦେଖିନାହିଁ, ତୁମକୁ ବି ନୁହେଁ
ତୁମେ ପୁଣି ବଞ୍ଚୁଛ ଅବଶିଷ୍ଟ ସମୟ
ମୋ ଛାଡି ଆସିଥିବା ଉଆସରେ, ସ୍ମୃତିର ମେଳରେ
ମୋର ଲେଉଟିବା ଦରକାର ନାହିଁ।
ଚାହିଁଲେ ବି ମୋହରେ, କେବେ ହେବନାହିଁ।

■

ଅଣ ଲେଉଟା

ପିଲାଟି ଦିନୁ ତୁ ଠକେଇ ଆସିଛୁ ମତେ
ମା' କାଖରୁ ଚାହିଁଲା ବେଳେ
ଆ' ଶରଦଶଶୀ କହିଲା ବେଳେ
ଆସିଛୁ କେବେ ?

ଠକେଇଛୁ ପ୍ରେମିକା ଭଳି
ଖାଲି ଭରିଦେଇଛୁ କଳ୍ପନାର ଝୋଲି
ଅନେକ କଇଁର ଖୋଲା ଆଖି, ତୋ ପାଇଁ
ଆସିଛୁ କେବେ ?

ଏବେ ତୋ ସବୁ ଚାଲବାଜିର
ପର୍ଦ୍ଦା ଫାସ କରିବାକୁ ଲଗେଇଲି ମୋ ଡେଣାରେ ପର
ପହଂଚିବାକୁ ତୋ ରାଇଜରେ
କଳି ନେଲି ତୋ ମୋ ଭିତର ଦୂରତା ।

ତୋ ଆଖିରେ ଆଖି ମିଳେଇ ମିଳେଇ
ଓଲହେଇ ଚାଲିଲି ବାଦଲର ପାହାଚ ପାହାଚ
ଘନ ରାତିର ଅନ୍ଧାର କାଟି ସାରିଥିଲା
ମୋ ବିଭୋରପଣ, ଜଳୁଥିଲା ମୋ ହୃଦୟର ଦୀପ ।

ପରୁଆ ନଥିଲା, ଈର୍ଷାଳୁ ତାରାମାନଙ୍କ ଆଖି ମିଟିକା
ପରୁଆ ନଥିଲା, ସାଙ୍ଗ ସାଥୀଙ୍କ ଟାହି ଟାପରା
କେଉଁ ଏକ ଅଜଣା ଆକର୍ଷଣର ନିଶାରେ
ମୁଁ ପାଖେଇ ଯାଉଥିଲି, ନିବିଡ଼ ଭାବେ।

ମୁଁ ବାରି ପାରୁଥିଲି ତୋ ନିଶ୍ୱାସ
ଶୁଣି ପାରୁଥିଲି ତୋ ଛାତିର ସ୍ପନ୍ଦନ
ତୁ ସ୍ଥିର କରିପାରୁ ନ ଥିଲୁ
ମୁଁ କ'ଣ ? ମୃଗ ନା ମୃଗୟା।

ମୁଁ ବି ଭୁଲି ଭୁଲି ଯାଉଥିଲି
ତୋତେ ପାଇବାର ମନ୍ତ୍ର
କଣ ଦେଖୁଥିଲି ତୋ ଠି ମୁଁ
ଅବିଶ୍ୱାସ ନା ଆହ୍ୱାନ ?

ହଠାତ ସବୁକିଛି ଓଲଟ ପାଲଟ
ଏତେ ପାଖରେ, ତଥାପି ଲାଗିଲୁ ତୁ ଏତେ ଦୂର
ଏତେ ନିଜର, ତଥାପି ଲାଗିଲୁ ଏତେ ପର
ପୁଣି ଥରେ ତୁ ଧୋକା ଦେଲୁ ଆଗ ଭଳି।

ତଥାପି ଛାଡି ନାହିଁ ତୋ ପିଛା ମୁଁ
ଘୁରି ବୁଲୁଛି ତୋ କକ୍ଷ ପଥରେ
ନଷ୍ଟ ହେବା ଯାଏ,
କାରଣ ଫେରିବାର ମାନେ ହାରିବା।

ଏ ଥର ନହେଲେ ବି ନିଶ୍ଚୟ କେଉଁ ଥର,
ମୁଁ ତୋ ଆଶ୍ଳେଷରେ ତତେ ପଢିବି, ବୁଝିବି
ତୋ ମୋ ଭିତରର ରହସ୍ୟ ମାପିବି, କହିବି
ସାରା ଦୁନିଆରେ, ଯେବେ ଫେରିଯିବି।

ଜୁଳୁଜୁଳି ପୋକର ସାହସ ମୋର
ଯେତେଥର ଜଳିବି ସେତେଥର ମରି ବି ଜୀଇଁବି
ତୋ ଠି ବାରବାର ଝାସ ଦେଉଥିବି, ହାରୁଥିବି
ହେଲେ ମନେରଖ ନିଶ୍ଚୟ ଜିତିବି, ନିଶ୍ଚୟ ଜିତିବି ।

■

(ଚାନ୍ଦ୍ରାୟଣ ମିଶନର ବୈଜ୍ଞାନିକମାନଙ୍କ ପାଇଁ)

ଅଦିନିଆ

ଆଜି ସକାଳୁ ବର୍ଷା,
ମୁଁ ସ୍ଥବିର, ବଳ ପାଉନି
ଉଠି ବାହାରି ଯିବାକୁ, ଖୋଜିବାକୁ, କାହାକୁ
ଏ ଦିନକୁ ସାମ୍ନା କରିବାକୁ

ଏ ବର୍ଷା ବୋଧେ ବର୍ଷା ନୁହେଁ
ହୋଇଥିଲେ, ମୟୂରପୁଚ୍ଛ ଦେଖା ଯାଆନ୍ତା ମୋତେ
ଶୁଭନ୍ତା ପାଉଁଜିର ରୁଣୁଝୁଣୁ
କିଏ ଆକାଶର କ୍ୟାନଭାସ ରେ, ଆଙ୍କନ୍ତା ଇନ୍ଦ୍ରଧନୁ

ରଫ ଖାତାର ଅଲୋଡ଼ା କାଗଜ
ପାଲଟି ଯାଆନ୍ତା କାଗଜ ଡଙ୍ଗା
ଗୋଳିଆ ପାଣିରେ ଦୋହଲି ଦୋହଲି
ଖୋଜନ୍ତା ଗୋଟେ ନିର୍ମଳ ଆଶ୍ରୟ

ନା ଏତେ କଳ୍ପନା ସବୁକୁ
ସାଇତି ରଖିବାକୁ
ମୋ ପାଖରେ ନାହିଁ ବଡ଼ ସିନ୍ଦୁକ, ଲୋଡା ବି ନାହିଁ
ଏ ସବୁ ସୁଆଙ୍ଗ, ଏ ଅଦିନିଆ ବର୍ଷା ପାଇଁ

ହଁ ଏ ଅବେଳରେ ଆସିବା, ଯିବା
ଅହେତୁକ ମାୟା ଲଗେଇବା
ହଠାତ ଘୋଟି ଆସି ଛାଡିଯିବା
ଏ ଅଝଟ ପଣ, ରାଗ ନା ଅଭିମାନ ?

କେଉଁଠି ଖୋଜିବି, ଏ ବର୍ଷାରେ
ମୋର ଭୟ ନାହିଁ ତିନ୍ତିବାର
ଗୋଲିଆ ପାଣିରେ ଜଡସଡ଼ ହେବାର
ମୋର ଭୟ, ସେ ଦେଇଥିବା ଅପହଞ୍ଚ ଠିକଣା, ମୋ ଅପ୍ରାପ୍ତି

ମୁଁ ଭାବୁଛି ଏ ବର୍ଷା, ବର୍ଷା ନୁହେଁ
ଏ ଏକ ଦୁଃଖାନ୍ତ ନାଟକର ଶେଷ ଦୃଶ୍ୟର ଲୁହ
ବୁକୁ ଫଟା କୋହ, ମୋହ
ଯାହା ହେବାର ଥିଲା ହୋଇ ନାହିଁ ବୋଲି।
ନା ବୋଧ ହୁଏ ଏହାହିଁ ହେବାର ଥିଲା
ଏ ଅଦିନିଆ ବର୍ଷା ଭଳି ।।

■

(ଏକ ହଜିଥିବା କବିକନ୍ୟା ପାଇଁ)

ଅପ୍ରେମ

ତୁ ସତରେ ମିଳୁ କି ପ୍ରେମ !
ହାତରେ ଧରି ହୁଏନି
ହାତର ଗାରକୁ ଭୟଭୟ ଆଖିରେ ଚାହିଁ ହୁଏ
ଜାଣିବାକୁ ତୋ ଖସିଯିବାର ସମୟ
ସତେ ଏତେ ଦୁଷ୍ପ୍ରାପ୍ୟ ତୁ !

ଯିବାର ଅଛି ଯଦି ଯା
ଆସୁଥିଲୁ ବା କାହିଁକି ?
ସବୁ ସମୟ ଛୋଟ ମନେ ହୁଏ
ତୁ ଥିବା ଯାଏ, ଲମ୍ବି ଯାଏ ପ୍ରତୀକ୍ଷାର ଛାଇ, ଯିବା ପରେ ।

ଏତେ ଆଳ କାହିଁକି
ଲିପ୍‌ଷ୍ଟିକ ଉହାଡ଼ରେ,
କଜଳ ମଖା ଆଖି ଇଙ୍ଗିତରେ
ଥରେ ନିଜକୁ ପବନ ଭଳି ସତ ହୋଇ ଦେଖା, ସିରସିର ।

ତୁ ନଥିଲେ ରୁନ୍ଧି ହେଇ ଯିବା
ତୋର ଆତିଶଯ୍ୟରେ ଭାଙ୍ଗି ଲୋଟି ପଡ଼ିବା
ମୋ କଥା ବିଶ୍ୱାସ କର
ମୁଁ ସତରେ ତତେ ପାଇନାହିଁ କି ଜାଣିନାହିଁ ।

ତୁ ଆସ ବା ନ ଆସ
ତୁ ଆସିଥିଲୁ ବୋଲି
ପଠେଇ ଦେ ପ୍ରମାଣପତ୍ରଟିଏ
ସାଇତି ରଖିଥିବି ମଲା ଯାଏ। ବିଶ୍ୱାସ କର ତୋ ରାଣ।

■

ଅଦୃଷ୍ଟ

ଭୁଲ ବୁଝିବନି
ରାସ୍ତା ଖୋଜିଖୋଜି ଆସିଛି
ଗାଁ ରୁ ତୁମ ସହରକୁ
ବାଟ ବଣା ନଇ, ଯେମିତି ବଙ୍କା ଟଙ୍କା ହୋଇ
ଧାଏଁ ସାଗରକୁ।

ତୁମେ ମୋତେ ଛାଡି ଆସିଲା ବେଳେ
ଭୁଲି ଯାଇଥିଲ କି ଦେବାକୁ ଠିକଣା
ନା ମନରେ ଥିଲା କରିବାକୁ ମୋତେ ବାଟ ବଣା
ସେ କଥା ତୁମଠୁ ମୋତେ ଶୁଣିବାର ଅଛି
ତୁମ ସହରରେ ଏବେ ପହଁଚି ଯାଇଛି।

ଆଖିରେ ଅଛି କ୍ଲାନ୍ତି, ଅଛି ବି ଲୁହ
ପଲକ ପକେଇଲେ କାଳେ ଏ ଦେହ ଶୋଇ ଯିବ
କିବା କାକର ଭଳି ଏ ସହରରେ ଲୁହ ଝରିଯିବ
କାଳେ ତୁମ ପାଦରେ ଲାଗିଯିବ ପାପର କାଦୁଅ
ଏ ତୁମ ସହରୀ ରାସ୍ତାରେ, ମୋ ଲୁହରେ ଓଦା ହୋଇଗଲା ପରେ।

ତୁମ ସହରୀ ଆକାଶ କାଂଥରେ
ପ୍ରଶ୍ନର ସପ୍ତର୍ଷି ମଣ୍ଡଳ
ତୁମେ ଅନ୍ଧାରରେ ଛପି ଯାଇପାର
ଉତ୍ତର ନଦେଇ ବି ପାର
ତଥାପି ପଚାରିବା, ଉତ୍ତର ନପାଇବା
ଆଉ ତୁମପାଇଁ ବାଟ ବଣା ହେବା ଅଦୃଷ୍ଟ ମୋହର ।

■

ଅହିଂସା

ଏ ତୁମ ସ୍ୱର ଥିଲା, ତୁମେ ଗଲାବେଳେ
ଏ ସ୍ୱର ବି ମୋର, ଏବେ ମୁଁ ଥିଲାବେଳେ
ତୁମେ ବି ମୋ ଭଳି ଦ୍ୱନ୍ଦରେ ଥିବ ମଲା ବେଳେ
ତୁମେ ନିଜେ ମଲ ନା ମଲା ଅହିଂସା, ସେ ଦିନ।

ତୁମେ ଯାହା କଲ ସେ ଥିଲା କଣ ସଂଗ୍ରାମ
କଣ ଥିଲା ସ୍ୱାଧୀନତା ? ଯାହା କିଏ ଦେଲା
ଆଉ କିଏ ନେଲା ?
କଣ ବୁଝିଲା, କ'ଣ ପାଇଲା ?

ଦେଶ ଏକାଠି ହେଲା ନା ଭାଙ୍ଗିଲା ?
ମୁଁ ବି ଆଜି ତୁମ ଭଳି, ନିହାତି ନିର୍ବୋଧ
ଆଜି ବି ଦେଶକୁ ଭଂଗା ଯାଇ ପାରେ
ଜାତିରେ ଧର୍ମ ରେ, ଛୁଆଁ ଅଛୁଆଁରେ।

ଆଜି ବି ଜାତୀୟ ପତାକା ପୋଡ଼ା ଯାଇପାରେ, ଆରାମରେ
ଟୁକଡେ ବାଲା ଗ୍ୟାଙ୍ଗ ବାଜା ବଜେଇ ନାଚିପାରେ
ବିଶ୍ୱବିଦ୍ୟାଳୟ ହତାରେ, ସଭା ସମିତି ରେ,
ତୁମ ମୋ ଭିତରୁ କିଏ କିଏ ତା ସମର୍ଥନରେ ତାଳି ମାରିପାରେ।

ଆଜି ତୁମ ଗଳାରେ ଫୁଲ ଦେଖିଲା ବେଳେ
ମୋ ରାଣ, ତୁମେ ଦେଖା ଗଲ
ବଳି ପଡିବାକୁ ଯାଉଥିବା ଛେଳି ଭଳି
ତୁମ ଆଖିରେ ଦେଖା ଗଲା କାତର ପଣ, ଶୁଖିଲା ଲୁହ ।

ସତରେ କାନ୍ଦ ଲାଗିଲା,
ତୁମ ନିର୍ଭୀକତାର ଅପମୃତ୍ୟୁ ଦେଖି
ତୁମ ଚଷମା ପୋଛି ଦେଖ ମୋତେ, ତୁମ ଦିବ୍ୟଦୃଷ୍ଟି ରେ,
ଖାଲି ଦେଖିବ ମୋ କପାଳ ଗାରରେ ପ୍ରଶ୍ନବାଚୀ ।

ତୁମେ ମୋ ପାଇଁ ନୋଟର ଛାପ
ତୁମେ ମୋ ପାଇଁ ଭୋଟ୍‌ର ମାପ
ତୁମେ ମୋ ପାଇଁ ପୁଣ୍ୟ,
ଧୋଇବାକୁ ଅର୍ଜି ଥିବା ପାପ ।

ହେଲେ ତୁମ ମୋ ଭିତର ତଫାତ ବହୁତ କମ
ତୁମେ ମରିକି ଶବ, ମୁଁ ଜୀଇକି ଶବ
ଏମିତି ବି ମରି ପାରେ କେହି !
ଏମିତି ବି ହୋଇପାରେ ବନ୍ଦୀ, ସ୍ୱାଧୀନତାର ଶୃଙ୍ଖଳରେ !
ଯେଉଁଠି ଦେଶକୁ ଭଲ ପାଇବା ବି ପାପ
ଦେଶର ଅଖଣ୍ଡତା ଏକ ଶୁଦ୍ଧ ବିଦ୍ରୁପ !

କେତେ ନିଃସହାୟ ତୁମେ ମୋ ଭଳି
କେତେ ସହଜରେ ତୁମକୁ ଆମେ କରିଦେଲୁ
ମହା ମାନବ ରୁ, ସାଧାରଣ ।
ସେ ଗୁଳି ତୁମ ଠି ବାଜିଥିଲା, ଏବେ ମୋ ଠି
ହେ ରାମ ! ହେ ରାମ !

ଅଗମ୍ୟ

ହଟାଇ ଦେଲି ପାଟପିତାମ୍ବରୀ
ପରଖିନେଲି ଆର୍ଦ୍ରତା, ସାନ୍ଦ୍ରତା
ମୁଁ ଚାହିଁଥିଲି ତୁମ ଆଖିକୁ
ଯାହା ଥିଲା ମୁଦ୍ରିତ
ତୁମର ସଙ୍କୋଚ, ପଛେଇ ପଛେଇ ହଟିଯାଉଥିଲା
ତୁମେ ଏବେ ଯୋଜନ ଯୋଜନ ବ୍ୟାପ୍ତ, ପ୍ରସାରିତ

ମୁଁ ଆଡେଇ ଯାଉଛି, ଆଗେଇ ଯିବାକୁ
ଭେଦିବାକୁ ଅନାବନା ବଣ ବୁଦା, ଜଙ୍ଗଲିଆ ରାସ୍ତା
କେତେବେଳେ ହାତରେ, ଜିହ୍ୱାରେ, ଫୁତ୍କାର ରେ
ମୋ ସରୀସୃପ ଗତି ସେଇ ଅନ୍ଧାରୀ ଗୁହାରେ ।

ଆଗକୁ ଦି'ପାଦ କେବେ ପଛକୁ ଦି'ପାଦ
କେତେବେଳେ ଶୁଷ୍କ ମରୁ
କେତେବେଳେ ଉତ୍ତାଳ ସାଗର

■

ଅଳନ୍ଧୁ

ସମସ୍ତେ ଥିଲେ ସେ କୋଣରେ

ଘୋରି ଯାଇଥିବା ଚଟି
ଆଲୁଅକୁ ସାମ୍ନା କରି ପାରୁ ନଥିବା ସ୍ୱପ୍ନ
କିଛି ଆଳସ୍ୟ, ଆଉ ଉଠି ଉଠେଇବାର ଅସାମର୍ଥ୍ୟ

ସାଇତା ଧନ ବୋଲି ଯାହା ଭାବିଥିଲି
ସେ ଥିଲା କିଛି ଅଚଳ ଟଙ୍କା
ରଙ୍ଗୀନ ପୋଷାକ ଭାବିଥିଲି, ଥିଲା କିନ୍ତୁ ଉଲଗ୍ନ ଅନ୍ଧାର

ବେଳେବେଳେ ଛପେଇ ରଖିଥିବା
ପ୍ରତୀକ୍ଷା ଆଉ ସ୍ମୃତିକୁ ସାର୍ବଜନୀନ କରିବାକୁ ହୁଏ
ଉଦ୍ଧାର କରିବାକୁ ପଡେ ଚେମିଣି ଡେଣା ତଳୁ

ଛପେଇ ରଖିବାରେ କଣ ବା ଲାଭ ?
ମୋ ଫିନଫିନ ଦେହ ଭିତରର ଅସନା ଲୋଭ,
ସାହସ ଜୁଟେଇ ହେଲେ ହେଲା

ଏଥର ଝାଡ଼ିଝୁଡ଼ି ଫିଙ୍ଗିଦିଏ ତାକୁ
ଖସି ପଡି ଫାଟି ଯାଇ ପାରେ ପୁରୁଣା ଫଟୋ
ଓଲଟି ଯାଇ ଭାଙ୍ଗି ଯାଇପାରେ ଫୁଲଦାନୀ, ଯାଉ

ଏଥର କେହି କହିବେନି ସେ କୋଣ କାହିଁକି ଅସନା
ସେ ଯିବା ପରେ, ସବୁ ସଫା,
ଅଭିଯୋଗ, ଉନ୍ମାଦନା, ଉଲୁଗୁଣା, ଆଉ ପ୍ରତି ଦୁର୍ଘଟଣା ।

ସେ ବାହାରେ, ନର୍ଦ୍ଦମାରେ
ଆଉ ମୁଁ ଭିତରେ, କଣ୍ଟକିତ ମୃତ୍ୟୁ ଭଳି ଶୀତଳ ଶେଯ ରେ
ସେ ମୁକ୍ତ, ମୁଁ ବନ୍ଦୀ, କୁହ ସଭାଜନେ
କିଏ ସ୍ୱର୍ଗରେ କିଏ ନର୍କରେ ?

■

ଅପରାଜିତ

ସମସ୍ତେ ଚାହିଁ ବସିଛନ୍ତି
ଦେଖିବାକୁ ମୋର ପରାଜୟ।
ନିଛାଟିଆ ଖରା ବେଳ,
ଧୂ ଧୂ ଖରା, ଗମ ଗମ ଝାଳ
ଦେହରୁ ଲୁଗା ଖସେଇ
ଗାଧୋଉ ଥିବା କେହି।

ମୁଁ ମନ ଧ୍ୟାନ ଦେଇ ଖେଳି ଚାଲିଛି
ଅବଶ୍ୟ ଜିତିବା ପାଇଁ
କୋଇଲିର କୁହୁ, ଲାଉଡ୍ ସ୍ପିକର୍
କେହି ମୋତେ ବିଚଳିତ କରି ପାରୁନାହିଁ।

ସେଠି ଚାପା କାନ୍ଦ ଶୁଭୁଛି
ସେଠି ଅଟ୍ଟହାସ୍ୟ ଶୁଭୁଛି
କିଏ ଝୁଣ୍ଟି ପଡୁଛି ବରଗଛର ସିଅ ରେ
ତଥାପି ମୋ ନିଘା ନାଇଁ।

କାହାର ବି ନିଘା ନାହିଁ
ଜହ୍ନ ଉଷୁମ ଟାଣୁଛି ବାଦଲ ଗଦି ରେ
ତାରା ମିଟମିଟ କରୁଚି ଅଧା ଜଳା ବିଡି ଭଳି
ମଶା ବୁଲି ଯାଉଛି ନେବାକୁ ଷୋଡ଼କେ ରକ୍ତ।

ଖେଳ ଚାଲିଛି,
ସମସ୍ତଙ୍କ ଆଖି ଦେଖୁଛି ମୋର ଗୋଟି ଚଲା
ସମସ୍ତଙ୍କ ମନ ଚାହୁଁଛି ମୋର ପରାଜୟ
କାରଣ ମୋ ହାରିବାରେ
ନିଲାମ ହେବ କାହାର ଉଲଂଗ ଯୌବନ।

ହେଲେ ଭୁଲ ସେମାନେ କଲେ
ମୋତେ ବିଶ୍ୱାସ କରି, ଏ ଖେଳରେ
କାରଣ ମୁଁ ଯୁଧିଷ୍ଠିର ନୁହେଁ
ଏ ବରଗଛ ସେ କଥା ଜାଣିଛି
ଏ ପଶାପାଲି ସେ କଥା ଜାଣିଛି
ସେଇଥି ପାଇଁ ସେ ବୋଧିଦ୍ରୁମ ପାଲଟି ଯାଇଛି
ଆଉ ମୁଁ ନିର୍ବାଣ ପାଇଛି
ଅବଶ୍ୟ ଜିତିଛି, ଅବଶ୍ୟ ଜିତିଛି।

■

ଅନାବନା

ତୁମ ରଫ ଖାତାରେ ଅନାବନା ଗାର,
ନଈ, ପାହାଡ଼, ବାଲିବନ୍ତ, ଢେଉ, ପୁଣି ମହାସାଗର
କଜଳ ମଖା ଆଖି, ବୁଢ଼ୀ ଅସୁରୁଣୀ, ରାଜା ରାଣୀ
କଣ କଣ ଆଙ୍କି ଯାଅ ତମେ, କ'ଣ ଭାବି
ଅନେକ ପୃଷ୍ଠା, ଚିରି ଉଡେଇ ଦିଅ, ପବନ ରେ
ଅନେକ ପୃଷ୍ଠା ସାଦା ଥାଏ
ହୁଏତ ତୁମ ମନର କିଛି ଛବି ଅକୁହା ଥାଏ ସେଥିରେ
ତୁମ ସରୁସରୁ ଆଙ୍ଗୁଳି ଥରି ଉଠେ ବେଳେବେଳେ
ଭୟରେ, ଉଦ୍‌ବେଗରେ, ପୁଲକରେ, ନୈରାଶ୍ୟ ରେ
ତଥାପି ତୁମେ ଆଙ୍କି ଚାଲିଥାଅ
ମୁଁ ବି ଦେଖୁଥାଏ
ତୁମ ରଫ ଖାତାର ଅନାବନା ଗାର
କହିଲ, କେଉଁ ଛବିଟି ମୋର ?

■

ଅବେଳ

ସେ ଜାଗା ଖାଲି ପଡ଼ିଛି
ସାଲନ୍ଦୀ ବି ଘୁଂଚି ଯାଇଛି, ମାପି ଚୁପି
ଏ ପାଦ ବି କଉ ମୋ ଆୟତରେ ଯେ ?
ସେ ବି ଟାଣି ନେଇ ପାରିନି, ସେ ଜାଗାକୁ
ସେଇଠି ଦେଖା ଯାଉଥିଲା ପ୍ରଥମ କିରଣ ସକାଳ ର
ତୁମ ମୁହଁରେ ଲାଜର ସୁରୁଜ
ଝାପସା ଦିଶୁଥିଲା ସାଲନ୍ଦୀ ପାଣିରେ ।

ସେ ଜାଗା କଣ ଆମର ଥିଲା ?
ଏ ପୃଥିବୀରେ କ'ଣ ବା ନିଜର ?
ଅନେକଥର ଦେଖି ହୋଇଛି ସମାନ ସ୍ୱପ୍ନ
ଅନେକଥର ଶୁଣି ହୋଇଛି କୋଇଲି ସୁରରୁ
ତୁମର ଚୁପିଚୁପି କଥା
ଅନେକଥର ଦେହ ଦେହଳିରୁ
ବୁଝି ହୋଇଛି ନ ପାଇବାର ବ୍ୟଥା ।

ତଥାପି ଏ ଥର ମୁଁ ଗଲି ସେ ଜାଗାକୁ
ବାଲିରେ ବି କିଏ କାଟିଛି ସେମିତି ଗାର
ସମାନ ଲାଗିଲା ତୁମ କଟା ଗାର ଭଳି
ତୁମେ ନ ଥିଲେ ବି, ଦେଖା ଗଲା ଝାପସା ମୁହଁ କାହାର
ସୁରୁଜ ବି ବିଂଚି ଚାଲିଥିଲା ଅବିର

କାହିଁକି କେଜାଣି ଭାବି ହେଲାନି ଏ ସବୁ ଭ୍ରମ ବୋଲି
ଟିକେ ଦୂରରେ ଝୁଲୁଥିଲା କାଶତଣ୍ଡିର ଶବ।

ମୁଁ ଏକଲା ବସିଥିଲେ ବି ଲାଗିଲା
କିଏ ହାତ ଆଙ୍ଗୁଠି ଛଂଦିଚି ହାତରେ
ଆଉ ଅନିଶା କରୁଛି କାଶତଣ୍ଡିର ଶବକୁ
ଆଉ ଚୁପିଚୁପି କହୁଛି ହେଲାଣି ଫେରିବା ବେଳ
ମୁଁ ଫେରୁଛି, ଆମ ବସିବା ଜାଗାରୁ
ହେଲେ ସେ ଜାଗା ମୋର ନା ଆମର ?
ଏ ପୃଥିବୀରେ ଅର୍ଜିତ ବେଳ ଟିକ ହିଁ ଆମର।

■

ଅଦୁଃଖ

ଆଜି ପଣ କଲି
ଭୁଲି ଯିବାକୁ ଦୁଃଖ
ହେଲେ, ଛାଡି ଆସିଲି
ମାଛବାଲି ପାଖରେ ପରିବା ବ୍ୟାଗ
ଭୁଲିଗଲି ଚଢ଼େଇବାକୁ ଫୁଲ
ଅନେକ କିଛି ମାଗିଲା ପରେ ଦିଅଁକୁ।

ମନେ ପକାଇ ପାରିଲି ନାହିଁ
ଗୋଟେ ସଠିକ ଘୋଷି ଥିବା ଉତ୍ତର
ତୁମ ଚିରାଚରିତ ପ୍ରଶ୍ନର,
ବାରି ପାରିଲିନାହିଁ, ଚିହ୍ନା ଗଳି, ଶଗଡ଼ଗୁଳା
ଖୋଜି ପାଇଲି ନାହିଁ
ଭିଡ଼ ଭିତରେ ଦେଖା ଦେଇ, ହଜିଥିବା ମୁହଁ।

ନିଜେ ବୋଧେ ପକେଇ ଦେଲି ଡଷ୍ଟବିନରେ
ସାଇତି ରଖିଥିବା ପୁରୁଣା ଚିଠି ଥାକ
ନିଜର ପ୍ରଶସ୍ତି ପତ୍ର,
ନିଜେ ଘଷି ଲିଭେଇ ଦେଇଥିବା ଚିତ୍ର
ଆଙ୍କି ହଉନି, କଳା ପଟା କି କ୍ୟାନଭାସରେ
କେମିତି ହଜିଲା ହଜିଲା ଭଳି ଲାଗୁଛି ସବୁ।

ତୁମକୁ ପଚାରିଲେ କହୁଛ
ଏ ଗୁଡା କ'ଣ ଦୁଃଖ ?
ଦେଖ, ଏ ସବୁ ଦୁଃଖ ଛଡ଼ା
ତୁମ ସାମ୍ନାରେ ଥିବା ଲୋକ କ'ଣ ମୁଁ ?
ନା ମୋ ସାମ୍ନାରେ ଥିବା ଲୋକ ଜଣକ ତୁମେ ?
ଆମ ଭିତର ଶୂନ୍ୟତା କ'ଣ ଦୁଃଖ ?

ନା ମୋଟେ ନୁହେଁ ...

ଅଧୈର୍ଯ୍ୟ

ଯାହା କହିବାର ଅଛି, କହିଯା
ସମୟର ଗୋଡ଼ରେ ପର
କେତେ ଜୋରରେ ଧାଉଁଛି ଦେଖ
ମୁଁ କହିଲେ ବି ରହୁନି, ରହିଯା

ସବୁ ଡେରି ହେଇ ଯାଉଛି
କଚେରୀର ଶୁଣାଣି, ଅଫିସକୁ ବାହାରିବା
ଚଢେଇ ଖୁମ୍ପିବା, ଆଉ ଜହ୍ନକୁ ଖଣ୍ଡିଆ କରିବା
ପନ୍ଦର ଦିନ ଲାଗେ; ଏତେ ଡେରି ସ୍ୱୀକାର କରିବା

ଡେରି ଲାଗେ ବାଲି ଚରିଗଲା ପରେ ଦୁବ କଅଁଳିବା
ବଳି ପଡିଥିବା ଗଞ୍ଜାର ଫଡ଼ଫଡ଼ ବନ୍ଦ ହେବା
ଡେରି ଲାଗେ ଛଳନାର ସାତ ଚଉତା ରୁମାଲ ତଳୁ
ନିରୀହ ଲିପ୍‌ଷ୍ଟିକ୍ ଦାଗଟେ ଖୋଜିବା, ପାଇବା

ସମସ୍ତେ ସବୁ କଥା କହି ଚାଲିଗଲେ,
ଜଲଦି ଜଲଦି ପାଦ ପକେଇ,
ନଅଙ୍କ ଦୁର୍ଭିକ୍ଷ, ମହାବାତ୍ୟା ଫନି
କତରାର ଦେହ, ଧର୍ଷିତା ତରୁଣୀ

ତୁମେ କିନ୍ତୁ କାହିଁକି ରହୁଚ
ଆଖିରେ ଆଖି ମିଶାଇବା ପରେ,
ଜଲଦି ଭସେଇ ଦିଅ, ସବୁ ସ୍ୱୀକାରୋକ୍ତି, ଲୁହରେ
ଦୋଷ ତୁମର ନୁହେଁ କି ମୋହର ନୁହେଁ
ଏ ତରତର ସମୟର,
କାହା ପାଇଁ ଡେରି, କା ପାଇଁ ଚଞ୍ଚଳ,

ଯାହା କହି ପାରିନ ଏ ଯାଏ
କହିଦିଅ, ଡେରି ହେଇଯିବ।

ଅଲୋଡ଼ା

ମୋ ଠୁ ସବୁ ଶୋଷି ନେଇ ସରିଲା ପରେ ବି
ମୁଁ ହାରି ଯାଇନି
ଦେଖ ଲଟକି ରହିଛି, ଡାଳରେ
ଏଇ ଆଶାରେ, କିଏ ତୋଳି ନେବ ବୋଲି
ସବୁ କଣ ତୁମ ଭଳି ?

ନିଜକୁ ଘୋଡେଇ ଦେଇଛି
ଚିରା ଲୁଗାରେ, ଢାଙ୍କିବାକୁ ନିଜକୁ,
ତୀର୍ଯ୍ୟକ ଦୃଷ୍ଟିକୁ,
ଢାଙ୍କି ଦେଇଛି ସବୁ ଅପବାଦ
ତୁମଠୁ ନୁହେଁ, ତୁମଠି ଲୁଚେନି କିଛି ମୋର।

ଆକାଶକୁ ଚାହିଁ ଦେଖିଚି
ସେ ଛାଟି ଦେଇଛି ମୁଠାଏ ତାରା ଫୁଲ
ପୁନେଇରେ ଚାନ୍ଦ,
ଅମାବାସ୍ୟାର ବହଳ ଅନ୍ଧାର
କଣ ହେବ ସେସବୁ ମୋର ?

ତୁମେ ଆସିବ ଯଦି ଆସ
ଆମ ମୁକ୍ତି ପାଇଁ
ପାଣି, ପବନ, ଆକାଶ, ଅନଳ

ସବୁ ଗୋଟେଇ ନେବି ଆଦରରେ
ତୁମେ ଜାଣିଛ, ତୁମ ଛଡା ମୂଲ୍ୟହୀନ
ଅମାନିଆ ବାସ୍ନା, ଧାନ କେଂଡାର କି ଆହୂତିର।

■

ଅନବସର

ସତ କହୁଛି
ଖୋଲି ଦେଖିବି ନାହିଁ
ମାଠିଆର ଘୋଡ଼ଣି
ଆଖିକୁ ଦେବି ଅନ୍ଧପଣ
ଇଚ୍ଛା ଥିଲେବି ଦେଖିବାର

ସତ କହୁଛି
ଉଦ୍ଦେଶ୍ୟ ନାହିଁ ମୋର ପଚାରିବାକୁ
କାହିଁକି ବନ୍ଦ ଦରଜା ପଛରେ ତୁମେ
ଇଚ୍ଛା ଥିଲେ ବି ବୁଝିବାର

ସେ ନଇଁ ପଡ଼ିଥିବା ବୁଢା
ଭାଙ୍ଗିଯାଇଥିବା ଅଣ୍ଟା
ପିଠିର ବୋଝ, ଅଭାବୀ ଅନୁଭୂତି
ସେମିତି କିଛି ଅଘଟଣ ହୋଇ ନାହିଁ ତ ?

ସେ ଓଢ଼ଣା ତଳର ମୁହଁ
କିଛି ହଜାଇ କିଛି ଆପଣା କରିନେବାର
ଲୁହରେ ତିନ୍ତି ଯାଇନି ତ ?
ବାଜିନି ତ ଦେହରେ ଦୀର୍ଘଶ୍ୱାସର ବାମ୍ଫ ?

ମୋ ପାଖରେ ବେଶି କିଛି ନାହିଁ ମହାପ୍ରଭୁ
ଖାଲି ବୋଝେ ଆପଣା ପଣ
କବାଟ ଖୋଲିଲେ ଅଜାଡ଼ି ଦେବି
ହୁସିଆର ଥିବ ସାଇଁ।

ମୁଁ ଜାଣିଛି ଦେହ ଭଲ ନାହିଁ ତମର
ଦୁନିଆ ଯାକର ଅଳି ଅର୍ଦ୍ଦଳି ତୁମ ପାଖରେ
କେତେ ବା ସହନ୍ତ ସାଆନ୍ତ ?
ତୁମେ କଣ ଆମ ଭଳି ବନ୍ୟା, ବାତ୍ୟା, ଭୋଗନ୍ତା ମଣିଷ ?

ମୁଁ ଆଣିଛି ଫୁଲୁରି ତେଲ
ଲଗେଇ ଦେଲେ ଚେଙ୍ଗା ହୋଇ ଉଠିବ ତୁମେ
ହେଲେ ତୁମର ବା ଅବସର କାହିଁ
ଏ ଅକିଞ୍ଚନ ପାଇଁ ?

■

ଅହଲ୍ୟା

ସବୁ ଲୁଟେରା ତ ଛପିଛପି ଆସନ୍ତି
ସବୁ ଅସତର୍କ ମୁହୂର୍ତ୍ତ ମାପନ୍ତି
କେତେ ବେଶରେ, କେତେ ଭଙ୍ଗୀରେ
କେତେ କପଟ ସମ୍ବେଦନାରେ
ଫୁଙ୍ଗୁଳା କରି ଦିଅନ୍ତି ମନ, ଦେହ
ଧୋଇ ଶୁଖାଇ ପବିତ୍ର କରି ଦେବାର ମୋହ ଦେଖାନ୍ତି

ଆଖି ପାରେନା ପରଖି ସେ କଳା
ଠକି ଯାଏ ପୁଅଡୋଳା
ସବୁ ଜମାଟ ବନ୍ଧା ସଂସ୍କାର ତରଳି ଯାଏ
ମହମ ହୋଇଯାଏ ଦେହ
ସବୁ ଭୋକର ଇତିହାସ ସମାନ
ବୁଝେଇ ନବାକୁ ହୁଏ ନିଜକୁ

ସେ ଭୋକ ମରିଲା ପରେ ଇ ଚିହ୍ନି ହୁଏ,
ଅନାବରଣ ହୁଏ ତା ଛଦ୍ମବେଶ
ଲେଉଟି ଆସେ ସଂସ୍କାରର ଗ୍ଲାନି, କଳଙ୍କ
ତରଳ ମହମର ଦେହ, ଜମାଟ ବାନ୍ଧି ଆସେ
ପଥୁରି ଯାଏ ଇଛା, ଆସକ୍ତି, ବର୍ତ୍ତମାନ
କାହାର ଅଭିଶାପରେ ସେ ପଥର ହୁଏନା, ନିଜେ ପଥୁରି ଯାଏ

ସେ ଖୋଜେ ଦରଦୀ ସ୍ପର୍ଶଟିଏ
ଯେ ତାକୁ ବୁଝେ, ପୁଣି ବନାଇ ଦିଏ ନାରୀଟିଏ।
ତାକୁ କେହିକେହି ଅହଲ୍ୟା କହନ୍ତି
କେହି କହନ୍ତି ସେ ଜଣେ ପଞ୍ଚସତୀ
ହେଲେ ସେ ଜାଣେ, ସେ ସାମାନ୍ୟ ନାରୀଟିଏ।
ସେ ହିଁ ଜାଣେ ସେ କାହିଁକି ପଥର ହୁଏ, ପୁଣି ଅହଲ୍ୟା ହୁଏ।।

ଅଜଣା

ସେ ଶିକାର ପାଖରେ
ଖୋଜିବନି ମୋତେ
ମୁଁ ନଥାଏ,
ତା ରକ୍ତ ସାଲୁବାଲୁ ଦେହ ପାଖରେ

ମୁଁ ନଥାଏ,
ସେ ଶେଷ ଧାଡ଼ିର
ଥକା ଚଢେଇ ବିଜୁଳି ତାରରେ
ବସି ଖସି ପଡିବା ଯାଏ

ମୁଁ ନଥାଏ,
ଦୀପ ଜୁଇରେ, ଝାସ ଦେଇଥିବା,
ଝଡ଼ିପୋକର ଦେହ ପାଖରେ
କି ସରି ଯାଇଥିବା ସଳିତାର ବିବର୍ଣ୍ଣ ଦେହରେ

ମୁଁ ନଥାଏ,
ଅଥଚ ତୁମେ ଜାଣ
ମୁଁ ତୁମ ପାଖରେ, ପାଖରେ
ତଥାପି କେତେ ପୂଜାପାଠ,
ମନ୍ତ୍ର ହୋମ, ଔଷଧ, ଡାକ୍ତର

କେହି ଦେଖି ପାରନ୍ତି ନାହିଁ କି
ରୋକି ପାରନ୍ତି ନାହିଁ

ମୁଁ ଆସେ, ଯାଏ ମୋ ଇଚ୍ଛାରେ
ପଡି ରହିଥାଏ, ମୋ ଶିକାର;
ଚଢେଇ, ଝଡ଼ିପୋକ, ଲିଭିଥିବା ଦୀପ
ପୋଡା ସଳିତାର ଦେହ

ତୁମେ ମୋତେ ଜାଣିବାକୁ ଚାହିଁ, ଜାଣିପାରନା
ଧରିବାକୁ ଚାହିଁ, ଧରି ପାରନା
କାରଣ ମୁଁ ନଥାଏ
ତୁମ ଆଖି ଦେଖୁଥିବା ଦେହ ପାଖରେ।

■

ଅପ୍‌ସରା

ମୁଁ ଯିବା ପାଇଁ ଚାହୁଁଥିଲି ଊର୍ଦ୍ଧ୍ୱକୁ
ଆଉ ତୁମେ ନିମ୍ନଗାମୀ ହେଲ,
ମୋତେ ରୋକିବାକୁ ।

ମୁଁ ତ୍ୟାଗ କରିଥିଲି
ବସନ, ଭୂଷଣ,
ବଢାଇବାକୁ ମୋର ନିର୍ଲିପ୍ତ ପଣ
ତୁମେ ବି ବିବସ୍ତ୍ର, ପୀନ ସ୍ତନ, ବିପୁଳ ଜଘନ
କରିବାକୁ ମୋତେ ଆକର୍ଷଣ ।

ମୁଁ ଦେଖି ସାରିଛି ପ୍ରେମ,ପ୍ରତାରଣା
ରୋଗ, ଦୁଃଖ, ଦୁର୍ବିପାକ, କ୍ଷୁଧାର ତାଡ଼ନା
ତୁମେ ଦେଖାଇଛ ସ୍ୱପ୍ନମୟ, ଆଶାର ଉନ୍‌ମେଇ
ପ୍ରାଚୁର୍ଯ୍ୟର ସ୍ୱର୍ଣ୍ଣିମ ପ୍ରାସାଦ,
ମୋ ହୋମକୁଣ୍ଡରେ ଢାଳିଛ କାମନାର ଘିଅ ।

ମୁଁ ନିଜକୁ ଜଳେଇ,
ନିର୍ବାପିତ ହେବାକୁ ଚାହିଁଛି
ତୁମେ ମୋର ଲିଭିଲା ପଣକୁ
ଉଖାରି, ଉଖାରି, ପୁଣି ଜଳେଇଛ
ନିଜେ ବି ଜଳିଛ ।

ଆମ ଭିତରେ ଚାଲିଛି
ବାଘ, ବକରି ଖେଳ
ମୋର ହାରିଯିବାର ଭୟ
ତୁମର ଜିତି ଯିବାର ଶ୍ରେୟ
ଆମ ମଝିରେ ଗାର ଟଣା ହୋଇ ଶୋଇଛି ସମୟ ।

ତୁମେ ଏ ପଟକୁ ଡେଇଁ ଲେ କଣ ହେବ ?
ମୁଁ ସେ ପଟକୁ ଡେଇଁ ଲେ କଣ ହେବ ?
ଘୋଡା ହୋଇଥିବା ଢାଙ୍କୁଣୀ ତଳେ କ'ଣ ?
ଯଜ୍ଞ କୁଣ୍ଡ ନା ନର୍କ କୁଣ୍ଡ ?
ସେ କଥା ତମେ ଜାଣିଛ ନା ମୁଁ?

ତଥାପି ଆସ,
ମୋ ଶୀତଳ ପଣକୁ ଉଷ୍ମ କରିବାକୁ
ମୁଁ ନିଜକୁ ଜଳେଇ ଦେବି
ତୁମକୁ ଭସ୍ମ କରିବାକୁ ।

ସେତେବେଳେ କିଏ ଥିବ
ନା ତୁମେ ଅପ୍‌ସରା ହୋଇ
ନା ମୁଁ ଯୋଗୀ ହୋଇ
କିଏ ମାଖିଥିବ ସେ ଭସ୍ମକୁ
କିଏ ଫେରିଯିବ କେଂଦରା ବଜେଇ
ସେ କଥା ଶୋଇ ଉଠି ପଡ଼ିଥିବା ସମୟ
ପାରିବ ଯେ କହି ।

ଅସମୟ

କାଂଥରେ ଝିଟିପିଟି ଆଉ ତୁମେ
ସେ ବେଳେବେଳେ, ତୁମେ ସବୁବେଳେ
କାହାକୁ ଆବାଜ ଦିଅ ?
ସେ ଅସତର୍କ ଘାଲେଇ ପଡିଥିବା ପୋକ କୁ
ନା ମୋତେ ?
ମୁଁ ତ ସତର୍କ ସର୍ବଦା, ହୃତ୍ ସ୍ପନ୍ଦନ ଭଳି ।

ତୁମକୁ ମୁଁ ଜାଣେ, ଜନ୍ମରୁ,
ତୁମ ଭିତରେ ହିଁ ଚବିଶ ଘଂଟା, ଦିନରାତି
ସବୁ ଛପେଇ ରଖି ଥାଅ,
ମା ହାତ ତିଆରି ଆଚାର ଭଳି
ବାଢି ଦେବାକୁ,
ମୋ ଦରକାର ବେଳେ, ମୋତେ ଶାନ୍ତ କରିବାକୁ ।

ତୁମ ମୁହଁ ଗୋଲ, ତା ଆଖି, ମୁହଁ ବି ଗୋଲ ଗୋଲ
ମୁଁ ସେଥିରେ ଦେଖେ ସନ୍ଦେହ, ବିଶ୍ୱାସ, ତୁମେ ବୁଝନା
ମୁଁ ଜାଣେ, ତୁମେ ମାଲିକ, ସମୟର
ମୁଁ ଚାକର, ଅପଚୟର,
ମୋର ବେକାର ଚର୍ଚ୍ଚାରେ,
ନେତା-ଅଭିନେତା, ବାମନ-ବଳି ।

ତୁମେ ବୁଝାଇବା ଆଗରୁ ଜାଣିଛି
ଏ ଷଡ଼ରତୁର ପଞ୍ଜୁରା ହେଲା, ଘଣ୍ଟା ମିନିଟ କଣ୍ଟା,
ତମ ସମୟ ରାଇଜର ଘଣ୍ଟା ମିନିଟ ଭିତରେ ଇ
ମୋତେ ସାରିବାକୁ ହେବ
ପାଠ-ଚାକିରି, ପାପ-ପୁଣ୍ୟ, ପ୍ରେମ-ବିରହ
ତୁମେ ବନ୍ଦ କରିଦେବା ଆଗରୁ ସମୟର କୋଟା।

ତୁମ ଟିକଟିକ ଆବାଜ ହୁଏତ ଥିବ
ମୋତେ କିନ୍ତୁ ଶୁଭୁ ନ ଥିବ
ମୁଁ ହୁଏତ ସେ ବୋକା ପୋକ ଭଳି
ଥିବି ଝିଟିପିଟିର ଆଁ ରେ, କିମ୍ବା
ତାଙ୍କ ମେଲା ମୁହଁର ଗୁହାରେ
ଯାହା ଖୋଲା ଥିବ ଆଶ୍ଚର୍ଯ୍ୟରେ ମୋ ଅବର୍ତ୍ତମାନରେ।

ତଥାପି ଦେଖ, ତୁମେ ତାଗିଦ କରିନଥିଲେ ବି
ମୁଁ ଠିକ ସମୟରେ ଆରମ୍ଭ ହୋଇଛି, ଆଉ ସରିଛି
ଯେତିକି ଦୃଶ୍ୟରେ ମୋର ଅଧିକାର ଥିଲା ଏ ନାଟକରେ;
ତୁମେ ସେଇ କାଂଥରେ ଥାଅ, ଘଣ୍ଟା, ଝିଟିପିଟି
ଅନ୍ତତଃ ମୋ ଛବି ସେଠି ଟଙ୍ଗା ହେବା ଯାଏ।

■

ଅଦୃଶ୍ୟ

ଅନେକ ଡାକିଛି ତୁମକୁ
କପାଳରେ ଖୋଲି ଦବାକୁ
ଆଉ ଗୋଟିଏ ଆଖି
ଚଉଡ଼ା କପାଳ ମୋର
ଅନେକ ଜାଗା ଅଛି
ଦରକାର ଅଛି ବୋଲି ମାଗୁଛି।

ମୁଁ ଦେଖି ପାରନ୍ତି ଚାତକର ଶୋଷ
ତାର ଢ଼ହଳ ବିକଳ, ଆୟୁଷ
ଦେଖନ୍ତି କଳା ବାଦଲ ଛାତିର କୋହ, ଅବସୋସ
ସତ ନା ମିଛ, ନା ପରିହାସ
କେବେ ପ୍ରଜାପତି ପାଲଟିଯିବ ସଁବାଲୁଆ
କେବେ କାହାର ପ୍ରେମ ପାଲଟିଯିବ ପ୍ରତାରଣା।

କାକରରେ କାନ୍ଦକାନ୍ଦ ତାରାର କ'ଣ ଅନୁଚିନ୍ତା
କେତେବେଳେ ହସି ଖେଳୁଥିବା
ଫୁଲକୁ ଲୁଟି ନେବା ପଛରେ ରହିଛି କେଉଁ ହାତ
ନିରୋଳା ବିଶ୍ୱାସର ଅମୃତ ଭରା ଗିନାରେ
କିଏ ଢାଳି ଦେଇ ଯାଉଛି ଦି ଠୋପା ବିଷ
ଦେଖି ହୁଅନ୍ତା ଏ ଆଖି ଟି ଥିଲେ।

ଆଗରୁ ଜାଣି ହୁଅନ୍ତା, ଦେଖନ୍ତି ନାହିଁ
ଅବାସ୍ତବ ଅବା ଅଶୁଭ ସ୍ୱପ୍ନର ଦେହ
କାହା ପାଦ ଖସିଯିବା ବେଳେ ଛଳନା ଦହ କୁ
ଦେଖି, ବଢ଼ାଇ ଦିଅନ୍ତି ହାତ ରୋକିବାକୁ
ଚିହ୍ନି ପାରନ୍ତି ଓଦା ବାଲିରେ ଅଙ୍କା ପାଦ ଚିହ୍ନ
ତାତି, ଶୀତଳତା, ଦେହର ଦାହର, ବିରହ ମିଳନ।

ହେଲେ ନାକଚ କଲ ମୋ ଆବେଦନ ତୁମେ
କହିଲ ପାଇଥିବା ଦୁଇ ଆଖିରେ ରଖିବାକୁ ସବୁ ଭରସା
ତୁମେ ପରା ପରଖିବ ମୋର ଅଯୋଗ୍ୟ ପଣ !
ସେଇଥି ପାଇଁ ବେଳେବେଳେ ପଡୁଛି ଅବାଟରେ ପାଦ
ନ ଦେଖି କହିବାକୁ ପଡୁଛି, ଦେଖିଥିବା ସତ ମିଛ
ଢାଙ୍କି ଦେଇ ଇସ୍ତ୍ରୀ କରା ସଫେଦ ଚାଦର।

ନ ପାଇଲେ ବାଟ, ନ ଚିହ୍ନିଲେ ମଣିଷ
ନ ଦେଖି ପାରିଲେ ବିବର୍ତ୍ତନ, ବାସ୍ତବ ସ୍ୱପ୍ନ
ମୁଁ ଆତଂକରେ ଗାଉଛି ସ୍ତୋତ୍ର ଗଜ ଉଦ୍ଧାରଣ
ଦୁଇ ଆଖି ବୁଜି, ଏକ ଧ୍ୟାନ, ଏକ ମନ
ସେତେବେଳେ ହିଁ ଦେଖା ଯାଉଛ ତୁମେ
ଖୋଲି ଯାଉଛି ମୋହର ତୃତୀୟ ନୟନ।

■

ଅପେକ୍ଷା

ଡେରିରେ ହେଲେ ବି ସେ ଆସିଛି
ତା' ଘୁଙ୍ଗୁର ଶବ୍ଦ, ଶୁଭୁଛି
ମୋ କାନକୁ ଫିଟେଇ ଦେଲି ମୋ ଠୁଁ, ଶୁଣିବାକୁ
ଆଖିକୁ କହିଲି, ଯା ଦେଖିବୁ, ନାଚ
ହାତକୁ କହିଲି, ଦେ ତାଳି
ପାଦକୁ କହିଲି, ମିଳା ତାଳ, ତା ଘୁଙ୍ଗୁର ସାଙ୍ଗେ

ସେ ଆସିଲା ପରେ, ଏ ମାନେ ମୋର କେହି ନୁହଁନ୍ତି
ମୋ ଦେହ, ହାତ, ଆଖି, କାନ
ଏମିତି କି ଅତି ନିଜର ଥିବା ମନ ବି ଅବଲୋକର।
ସେ ଆସିଲେ ମୁଁ ବୁଝି ପାରେନି,
ସବୁ କିଛି ବୋଝ ଲାଗେ,
ସବୁ କିଛି ତ୍ୟାଗ କରି ହାଲୁକା ହେବାକୁ ଇଚ୍ଛା ହୁଏ

ସେ ଆସିଲେ ବହୁତ କିଛି ବଦଳିଯାଏ, ଖାଲି ମୁଁ ନୁହେଁ
ରାତିରେ ଢାଙ୍କି ହୁଏ, ଜହ୍ନର ଫୁଙ୍ଗୁଳା ଦେହ
ଦିନରେ ସୂର୍ଯ୍ୟ ଆନମନା ହୁଏ, ସାତରଙ୍ଗ ଇନ୍ଦ୍ରଧନୁ ଧରି
ଉଠି ପଡେ ମାଟି ତଳ ମଞ୍ଜି, ପତର ମେଲାଇ
ସାଧବ ବୋହୁର ପାଦର ବାଲିରେ ଭରିଯାଏ ସବୁଜ ଗାଲିଚା
ଅକସ୍ମାତ ଝାଡ଼ିଝୁଡ଼ି ଉଠି ପଡ଼ନ୍ତି ଝାଉଁଳା ଦୂବଘାସ, ତୁମେ ଆସିଲେ

କିଏ ଜାଣେ କେତେ ଦିନ ରହିବ ତମେ
ମାଟିର କାଂଥ ଗଢ଼ି ହେବ ନା ଧସିବ
ସେ ବନ୍ଦ ଘର ଭିତରୁ ଶୁଭିବ ଚାପା ହସ ନା କାନ୍ଦ
ତୁମ ଘୁଙ୍ଗୁର ଶବ୍ଦ ଛଡା,
ତୁମ ଯିବା କଥା ବି ଭାବି ହୁଏ ଲୁହର ତୁଠରେ,
ମୁଁ ଯୋଗୀ ନୁହେଁ, ତ୍ୟାଗୀ ନୁହେଁ, ତଥାପି ତର୍ପଣ କରେ

ମୁଁ ଚାହିଁଲେ ବି କଣ ବା ହେବ
ତୁମେ ଚାହିଁଲେ ଥିବ, ନହେଲେ ଯିବ
ମୋ ଭିତରେ ବଢୁଥିବା ମହିଷାର ଅହଙ୍କାରକୁ ବି ଯିବାକୁ ହେବ,
ତୁମ ଯିବାର ତ୍ରିଶୂଳ ଆଘାତ ପାଇ
ମୋ ଦେହରେ ଯୋଡି ହୋଇ ଯିବ ମୋ ଆଖି, କାନ, ମନ
ମୋତେ ବି ବିସର୍ଜନ ଦେବେ ଭକତେ,
ତୁମେ ଭରି ଯାଇଥିବା ପାଣିରେ, ମୁଁ ମୀନ

ମନ ଖରାପ କରିବନି ଯିବା ବେଳେ
ତୁମେ ଆସିବ ଆସିବ ବୋଲି ମୁଁ ଜଗିଥିବି
ଶୁଖି ଆସୁଥିବା ପୋଖରୀ ତୁଠରେ,
ବନ୍ଦ ଘରେ, ଜୁଇରେ, ମାଟିତଳେ।

■

ଅଚଳ

କଣ ବା ଦେଇ ପାରିବ ସିଏ ?
ଚାଲି ପାରିବନି, କୋଷେ ମୋ ସାଙ୍ଗରେ
କହି ପାରିବନି କିଛି, ବୁଝାଇ, ମୋ ଅବୁଝା ମନକୁ
ତଥାପି ତଡି ଦିଏନି, ମୁଁ ଗଲେ ତା ପାଖକୁ

ମତେ ଭଲ ଲାଗେ ତା ନିରୀହ ଅସହାୟତା
ତାକୁ ବି ଥିବ ପସନ୍ଦ ମୋର ତା ଠି ଥିବା ଆବଶ୍ୟକତା
କଣ ମିଳିବ ଏ ଖୋଜାଖୋଜି, ହଜାହଜି, ମିଶାମିଶିରୁ
ସେ ଯାହା ପକେଇଦେବ, ଦୟାରେ କି ତାତ୍ସଲ୍ୟ ରେ
ଗୋଟେଇ ନେବ ମୋ ହାତ।

ମୁଁ ଜାଣେ ସେ ଢାଙ୍କି ପାରିବନି ମୋର ଫୁଙ୍ଗୁଳା ନିସଙ୍ଗତା
ଲୋରୀଟିଏ ଗାଇ କାଟି ପାରିବନି ଏ ନିର୍ଜନତା
ତଥାପି ଚେଷ୍ଟା କରେ ସେ,
ଷୋଡ଼କେ ପବନକୁ ଶୋଷି ବଂଶୀ ହେବାକୁ, ମୋ ପାଇଁ
ମୁଁ ବି ମୁଗ୍ଧ ହୁଏ ସେ ବେସୁରା ଗୀତରେ।

ତଥାପି ସେ କମେଇ ଦିଏ ମୋ ଦେହର ଅବଶିଷ୍ଟ ତାତି,
ସକାଳେ ସଞ୍ଚିଥିବା କାକର ଟୋପାରେ
ପାତିଦିଏ, ଛାଇ ଛତା, ଡହଡହ ଖରାବେଳେ
ଦୋହଲି ଦୋହଲି ପୋଛିବାକୁ ଝାଳ

ମୋର ଅଦମ୍ୟ କ୍ଷୁଧା ପାଇଁ ବାଢ଼ି ଦିଏ ଫଳ।
ହେଲେ, ମୁଁ ତାକୁ ଡାକିଲେ,
ନେବାକୁ ଜୀବନ ସାଥୀ କରି
ଗଛ ଥାଏ ନିର୍ବିକାର ଅଟଳ ଅଚଳ।

■

ଅବଧୂତ

ବହୁତ ଦିନ ଘଷି ମାଜି ହେଲି
ଆଲୁଅରେ ଗାଧେଇଲି
ନଈରେ, ନିର୍ଝରିଣୀ ରେ
ସଫା ସାୱାର ରେ
ଏମିତିକି କି ତୁମ ଦେହରେ।

ନା ହୋଇପାରିଲି ଶୀତଳ ନା ସ୍ନିଗ୍ଧ
ଏବେ ବି ମୋ ଦେହର ଡ଼ଷ୍ଟବିନ ରେ
ଅନେକ ଆବର୍ଜନା, ଅଶାନ୍ତ କୁଣ୍ଡିଆପଣ
ନିଜର ଅଶେଷ କ୍ଷତ, ତୁମକୁ ଦେଖା ଯାଏନି
କିନ୍ତୁ ମୁଁ ତ ଦେଖୁଛି, ଆଉ ଆଲୋକକୁ ଡ଼ରୁଛି
ସେଇଥି ପାଇଁ ମୋର ଏ ଅନ୍ଧାରୀ ବିଜେ।

ହଟାଇ ଦେଇଛି ମୋ ଦେହରୁ ପୋଷାକର ବୋଝ
ଜୁଇ ନିଆଁରେ ସେକି ହୋଇ, ଟାଣକରି ନେଉଛି ଦେହ
ସବୁ ନମନୀୟ କାଦୁଆ ଭାବନାକୁ
କାଠେଇ ନେଉଛି, ମାଲହାଣ୍ଡି ପରି ଗଢ଼ି ନେଉଛି
ନିଜକୁ, ଜୀବନର କୁମ୍ଭାର ଚକରେ
ଜାଣିଛି ତାର ଭାଙ୍ଗିବା ଥୟ, କିଂତୁ ମୁଁ ନିର୍ଭୟ।

ଏଠି ଆଉ କ'ଣ ଥାଏକି ସବୁଦିନ ?
ଏତିକି ପଢ଼ି ପାରିଛି ମୁଁ
ତାରା ଡିବିରିରେ,
ଅଧା ଶୀତଳ ଜୁଇର ଜଳା ଅଙ୍ଗାରରେ
ଖପରାକାତିରେ ଖେଲୁଖେଲୁ,
ଚିହ୍ନିଲି ପାଣି ଫୋଟକାର ଜୀବନ
ତଟ ନିରଂଜନାରେ।

ଏ ଦେହ କ'ଣ ମୋର ?
ତୁମେ ସତ କୁହ, ଏତେ ଜାଣିଛ ମୋତେ ପରା
ନା ମୁଁ ହୋଇ ପାରିଲି କାହାର
ଯେବେ ବୁଝିଲି, ଏ ଦେହ, ଦେହ ନୁହେଁ, ମୁଠାଏ ପାଉଁଶ।
କଉଠି ଥିଲ, ଉଡି ଆସି କାଂଧରେ ବସିଲ
ଆଉ କହିଲ, ହଁ ଏବେ ସରିଲା ତୁମ ପିଲା ପଣ
ବୁଝିବାର ହୋଇଲା ବୟସ।
ଆସ ଆସ ଯିବା
ରଚିବା ନିତ୍ୟ ରାସ।।
ପଛକୁ ଚାହିଁନା...

■

ଅନାଥ

ସେ ବି ଖେଳେ, ଉଠେ ପଡେ
କେତେବେଳେ ହସି ହସି ଗଡେ
ଦିଦି ପ୍ରଶ୍ନ ପଚାରିଲେ ଉତ୍ତର ଦିଏ
ନ ପାରିଲେ ବଡ଼ ବଡ଼ ଆଖି କାଢେ।

ସେ ଘୋଡେଇ ହୋଇ ପଡେ ଜାଡକୁ
ହେଲେ କେହି ଡାକି ନିଏନା କୋଡ଼କୁ
ସେ ଝାଳେଇ ଯାଏ ପାଖରେ ପାଇ ଗ୍ରୀଷ୍ମକୁ
ଭିଜିଯାଏ ବର୍ଷାରେ, ହେଲେ କେହି ପୋଛି ଦିଏନି ତାକୁ।

ସେ ଜାଣେ ଏମାନେ ସବୁ ସତ
ବର୍ଷା, ବୈଶାଖ, ଶୀତ ଓ ବସନ୍ତ
ସେ ଜାଣେ ତା ଜନ୍ମ ବି ସତ
ହେଲେ, ଅଜଣା ତା'ର ନିଜର ଅତୀତ।

ସବୁ ପ୍ରଶ୍ନର ଉତ୍ତର ଦେଇଛି, ପାଇଛି
ଝଡ଼ ଠୁଁ, ନିଶ୍ୱାସ
ଭାଙ୍ଗି ଯାଇଥିବା ଭୟାର୍ତ୍ତ ସ୍ୱପ୍ନରୁ, ଆତ୍ମବିଶ୍ୱାସ
ଓଠରୁ ଶୋଷ।

ପାଇନି ଉତ୍ତର, କିଏ ତାକୁ କାହିଁକି ଜନ୍ମଦେଲା
ତା'ର କେଉଁ କେଉଁ ଭୁଲ ପାଇଁ ତାକୁ ତ୍ୟାଗ କଲା
ସେମାନଙ୍କର କ'ଣ ଅଛି ତା' ଭଳି ମନଟିଏ
ଯିଏ ପାଇବାକୁ କିଛି ଖୋଜି ଚାଲିଥାଏ ?

ହୁଏତ ସାମର୍ଥ୍ୟ ନଥାଏ,
ନ ହେଲେ ସତକୁ ସାମ୍ନା କରିବାକୁ ସାହସ ନଥାଏ।

ଅନଳ

ମୁଁ ହୁତହୁତ ଜଳୁଛି
ତୁମେ ବି ଜଳ
ଘିଅ, ନହେଲେ ପେଟ୍ରୋଲ ଢାଳ
କି ମଜା ଅଛି ନ ଜଳିବାରେ !
ଶୁଖିଲା କାଠ ହୋଇ ପଡ଼ି ରହିବାରେ।

ଜଳିବାର ନିଶା ହିଁ କିଛି ନିଆରା
ସେଇଥିପାଇଁ ସେ ଝଡ଼ିପୋକ ମରେ
ଆଉ ଦୀପ ଜଳେ,
ଆଉ ମୁଁ ବି, କେତେବେଳେ ପ୍ରେମରେ, ପରାଭବରେ, ପରାକ୍ରମରେ।

ତୁମେ ଆହୁରି ଆଗେଇ ଆସ
ନିଶାରେ ଝୁମି ଝୁମି ଆସ, ଜଳିବାକୁ
ମୁଁ ତୁମକୁ ଆବୋରି ନେବି, ନଜାଣି
ତୁମେ ଶତ୍ରୁ କି ସତୀର୍ଥ।

କଣ ବା ମିଳିବ ସେକଥା ଜାଣି
ଜଳିଲା ପରେ ଯେ ସବୁ ଅଙ୍ଗାର,
ସେ ସୀତା କି ସତୀ, ତା ପାଇଁ ମୂଲ୍ୟହୀନ
ତୁମେ ମାନେ ହିଁ ଖାଲି କର ବିଚାର।

କାହା ହାତରେ ମଶାଲ ଅଛି
ନେଇ ଆସିବ, ଅନ୍ଧାର ଘୋଟି ଯିବା ଆଗରୁ
ସବୁ ସଫା ଦିଶିବା ପର୍ଯ୍ୟନ୍ତ,
ଅନ୍ତତଃ, ଜଳିବାର ଅଛି ।

ଅଦେଖା

ସବୁଥର ଭଳି ମୁଁ ତୁମ ଆଖିରେ ଦେଖେ
ମୋର ଅସ୍ପଷ୍ଟ ପ୍ରେମ,
ତୁମେ କ'ଣ ଦେଖ ମୁଁ ଜାଣେନା
ତୁମେ ତ ଠିକ ସେ ଚାହିଁ ପାରନା

ତୁମେ ବଢ଼େଇଛ ହାତ, ଛୁଇଁ ପାରିନା
ମୁଁ ବି ବଢେଇ ପାରିନି, ମୋ ଶୋଷିଲା ଓଠ,
କିଏ ଦେଖିବ ବୋଲି,
କିନ୍ତୁ ତୁମେ ଏତେ ପାଖରେ ଯେ
ଛନଛନ ଆଖିରେ କହିଛ
ଏ ପ୍ରେମ ଅସମ୍ପୂର୍ଣ୍ଣ ନୁହେଁ, ଅସମର୍ଥ ନୁହେଁ

ଆମ ପାଖରେ ଅନେକ ଆଖିର ପହରା
ତା'ରି ଭିତରେ ବନ୍ଦୀ ଆମ ପ୍ରେମର ଚେହେରା
ସବୁଥର ତୁମେ ଚେଷ୍ଟା କରିଛ କାଟିବାକୁ ଶିକୁଳୀ
ମୁଁ କିନ୍ତୁ ବଢେଇ ଦେଇନି ଶାଣିତ ଛୁରୀ
ତା' ଧାର ନିଜେ ପରଖି ରକ୍ତାକ୍ତ ହୋଇଛି
ତୁମଠୁ ରୁମାଲ ଖୋଜିଛି।

ଆଜି କାଲି ତୁମେ ଯଥେଷ୍ଟ ଅନ୍ୟମନସ୍କ
ଏ ପୃଥିବୀରେ ଅନେକ ଦୃଶ୍ୟ ଦେଖିବାରେ

କୁହ, ସେ ପୃଥିବୀ କ'ଣ ଆମର
ଯଦି ନୁହେଁ, କଣ ଅଛି ଦେଖିବାର
ଯଦି ଆମର, ତା ହେଲେବି କ'ଣ ଅଛି ଦେଖିବାର
ଏ ଦୃଶ୍ୟ ମାନଙ୍କ ଭିତରେ ହଜି ନଯାଉ ପ୍ରେମ

ଏ ପ୍ରେମ ହଜିବ ବା କେମିତି
ତାର ନା ବୟସ ଅଛି ନା ଅଛି ଦେହ
ସେ ସତରରେ ଯାହା, ସତୁରୀରେ ତାହା
ସେ ଚଷମା ତଳେ ଯେମିତି ସେମିତି,
ମେହନ୍ଦୀ ମଖା ବେଣୀ ତଳେ ଯେମିତି ସେମିତି

ସେ କାକ୍‌ଟସ୍‌ର ଫୁଲ, ମଉଳି ଯାଏ
ପୁଣି ଚାହିଁଲେ, ଫୁଟି ଉଠେ,
ତା' ଶେତା ଦେହ, ରଙ୍ଗୀନ ହୁଏ
ହେଲେ ଏ ରଙ୍ଗ ବେରଙ୍ଗ ଖେଳ
ଗୋଟେ ତୃତୀୟ ଆଖିରେ ଦେଖା ଯାଏ
ଯାହା ମୋ ପାଖରେ ଥାଏ
ସେ ସବୁବେଳେ ସେ ପ୍ରେମକୁ ଦେଖୁଥାଏ
ସବୁ ଆଖିମାନେ ଶୋଇଯିବା ଯାଏ।

ଅଖାଇ

ଅଖାଇ ଖାଇ ମନ କଲା
ରାଢ଼ୀ ଘରେ ନାଇଁ ଚୂଡ଼ା

ଏମିତି ହିଁ ହୋଇପାରେ କେବଳ ତା' ସଙ୍ଗେ
ବାସରରାତି ସରୁସରୁ ସରି ଯାଏ ପ୍ରେମର ଆୟୁଷ
କିଏ ତରତର ହୋଇ ବାହାରି ଯାଏ ପାଇ ମାଲିକର ଚିଠି

ତା' ପରେ ଖାଲି ଲମ୍ବା ଖରାବେଳ ପ୍ରତୀକ୍ଷାର
ରାତି ସରେ ନାହିଁ, ସରେ ନାହିଁ ସ୍ୱପ୍ନର ଆବେଶ
ହାତ ବଢ଼ଉ ବଢ଼ଉ ଖସି ଯାଏ ଦୁଷ୍ଟ ସ୍ୱପ୍ନ

ପାଣି ଦିଏ ସବୁଦିନ ଯେଉଁ ଗୋଲାପ ଗଛରେ
ବିଭୋର ହୁଏ ଯେଉଁ କଢ଼ ଦେଖି
ସେ ଫୁଲ ଫୁଟିବା ଆଗରୁ ମଉଳି ଯାଏ, ଗଭା ଖାଲି ରହେ

ପେନ୍ଥାଏ ବଉଳ ଖସି ପଡେ ଫଳନ୍ତି ଆମ୍ବ ଗଛରୁ
କୁହୁଡ଼ିର ଏତେ ଅଦଉତି କାହିଁକି ?
ସଫା ରାସ୍ତା, ଶୋଷିଲା ଆଖି ସବୁକୁ ଅସ୍ପଷ୍ଟ କରିଦିଏ

ବହୁତ ଥର ଛାତ ଉପରେ ହାତ ବଢ଼େଇଚି ଜହ୍ନକୁ
ସେ ବି ଚାହିଁ ରହିଛି, ମୁଁ ବି, କେହି ଆମେ ପାଇନୁ କାହାକୁ

କାହାର ବଂଶୀ ଶୁଣି ଓହ୍ଲେଇ ଗଲି ଯେ, ସେ ମଥୁରାରେ

ଏବେ କାନ୍ଦିବା ପାଇଁ ବି ଶବ୍ଦ ନାହିଁ
ଏବେ ହସିବା ପାଇଁ ବି ଶବ୍ଦ ନାହିଁ
ନଇଁ ପଡ଼ି ଗୋଟେଇ ନେଲା ବେଳକୁ
ଧସିଗଲା ମାଟିର ଦେହ, ତା ଆଁରେ ମୁଁ

ମୁଁ ଖାଇ ପାରିଲି ନାହିଁ ସତ
ହେଲେ ମୋତେ ହିଁ ଖାଇଗଲା ସବାଖାଇ
ଏଥର ମୋ ଇଚ୍ଛାର ମୃତ୍ୟୁ ନାହିଁ, ମୃତ୍ୟୁ ନାହିଁ।

ଅବଳା

ତୋତେ କେହି ଚିହ୍ନି ପାରିଲେ ନାହିଁ
ଜନ୍ମ ଠୁଁ ମୃତ୍ୟୁ ଯାଏ
କେହି ଜାଣିଲେ ନାହିଁ,
କେମିତି ତୁ ପାଳୁ, ଦଶମାସ
ଗୋଟେ ଜୀବନ ତୋ ଭିତରେ
କେମିତି ଗୋଟାଏ ବିବସ୍ତ୍ର ଦେହ ଦେଖୁଦେଖୁ
ଛାତିରେ ଫୁଟିଯାଏ ତ୍ରିଶୂଳ
ଲୋଟିପଡ଼େ ରକ୍ତ ସଳବଳ ଦେହ
ସେତେବେଳେ ତୁ କ'ଣ ବୁଝୁ
ସେ ଦୃଶ୍ୟ ଜନ୍ମର ଥିଲା ନା ମୃତ୍ୟୁର ଥିଲା
ତୁ କିନ୍ତୁ ଭାବୁ ସେ ଅବଳା ।

ତା' ଆଖିରେ ବିଜୁଳି ଚମକେ
ବଜ୍ର ବି ଧମକେ
ସେ ଆଖି ଆଙ୍କି ପାରେ ଅସରା ସ୍ୱପ୍ନ
ଅଶୁଖା କ୍ଷତ
ତା ହାତର ପାଣିକାଚ, ଶଙ୍ଖା
ମୁଣ୍ଡର ସୁନ୍ଥା, ରୁଞ୍ଜୀ ମାଳି
ହୋଇପାରେ ଟୋପାଏ ରକ୍ତ
ସେ ଥରେ ଝରି ଆସିଲେ ଶୁଖେନା
ତାକୁ ଅବଳା ବୋଲି ଭାବେନା ।

ତୁ ତାକୁ ଦେଖିଛୁ ରାଲିରେ, ସଭାରେ
ତା ମୁହଁରୁ କିନ୍ତୁ ଶୁଣିନୁ ସ୍ଲୋଗାନ
କିନ୍ତୁ ବୁଝିନୁ ତା ନୀରବତାର ଦୃଢତା
ତା ପାଣିଚିଆ ଲୁହର ଉତ୍ତାପ ଆଉ କଠୋରତା
ତାକୁ ହାତ ବଢ଼େଇଚୁ ଅନେକ ଥର
ସତ କହ, କେତେ ଥର ସତରେ ପାଇଛୁ।

ସେ ନିଜକୁ ଉଜେଇ ଦେଇଛି ଯଜ୍ଞକୁଣ୍ଡରେ
ସେ ସୁନା ଭଳି ଉଜଳି ଉଠିଛି
ତୁ ତାକୁ ତୋ କାମନା ନିଆଁରେ ଜାଳିଛୁ ସତ
କିନ୍ତୁ ଭୋଗିଛୁ ଅସରା ତାତି
ଏତେ ଦାହିକା ଶକ୍ତି, ଯାହା ଠି
ତାକୁ କାହିଁକି ବା ଅବଳା କହନ୍ତି !

ତୁ ତାକୁ ବୁଝିବା ପାଇଁ ନିଶୁଣି ପାତ
ଏବେଠୁ ଚେଷ୍ଟା କଲେ ହୁଏତ ପାରିବୁ ବୁଝି
ମରଣ ମୁହଁରେ,
ଅବା ଜନ୍ମ ନେଲା ବେଳେ ପୁଣିଥରେ
ତା’ ଜରାୟୁରେ।

ଅସାବଧାନ

ରାସ୍ତା ସବୁ ଦେଖେ
ମୁହଁ ଖୋଲି କହି ପାରେନା
ସେଲ୍‌ଫି ନେଉଥିବା ଝିଅକୁ
କି ଧୀରେ ଧୀରେ ତା ଦେହ ପାର ହେଉଥିବା ଗେଣ୍ଡାକୁ
ସେମାନେ ସେମିତି ମରନ୍ତି।

ତାଙ୍କୁ ଦେଖ, ବୋଲବମ କହି କହି
ଟଳଟଳ ପଦ, ଢଳଢଳ ଦେହକୁ;
ସମସ୍ତେ ପାଣି ସାଙ୍ଗରେ ବୋହିଛନ୍ତି ସ୍ୱପ୍ନ
ରାସ୍ତାରେ ବି ପାଣି, ଅଦିନିଆ ବର୍ଷା, ଦିଶେନି ଖାଲ ଢ଼ିପ
ନ ଜାଣିଥିବା ଚିଜକୁ ଜାଣିବା ବେଳକୁ, ସବୁ ସମୟ ଶେଷ।

ତୁମେ ମୋତେ ଘୃଣା କର, ମୁଁ ତୁମକୁ
ତୁମେ ଆବାହନ କର ତୁମ ଅସ୍ତ୍ର, ମୁଁ ମୋର
ଆମେ ଦୁହେଁ ଦୁହିଁଙ୍କ ସାଙ୍ଗରେ ମାତନ୍ତି ଦଂଗାରେ
ଆମେ ଯାହାକୁ ଜଗିବା କଥା, ସେ ଖସିଯାଏ ଏଇ ମଉକାରେ
ଖାଲି ପଡିଥାଏ, ତୁମର ମୋର ଖଣ୍ଡିଆ ଦେହ, ଭାଣ୍ଡିଆ ମୋହ।

ଟିକେ ରୁହ, ଥୟ ଧର,
ସାବଧାନ ହେବା ସହଜ ନୁହେଁ
ଭୁଲ କରିବା ଭଳି;
ଧୀରେ ଚାଲୁଥିବା ଗେଣ୍ଡା,
ଜୋରରେ ବ୍ୟାପୁଥିବା ଦଙ୍ଗା, ଦଙ୍ଗାକାରୀ
ସବୁ ମରନ୍ତି ।

ଅଜଣା

ମୋତେ ବାଜି ଲଗେଇ ଖେଳୁଛ, ଖେଳ
କଣ୍ଟି କୋଳି ବୁଦାର ନାଲି ଫୁଲକୁ ଗଭା ଭାବି ଖୋଜିଲ, ଖୋଜ
ପାଣିରେ ଚିତି ପହଁରା ଦେଇ ଖେଳୁଥିବା କଇଁ, ମୁଁ ନୁହେଁ
ମନ ବି ମନୁଆ ଦାସ, ପଚାରିଲେ କହିବ, ଏଇଠି ଅଛି, ଏଇଠି ନାହିଁ
ସତ କଥାକୁ ମନ କଣ ସହଜେ ମାନେ ?
ଏଇ ଯେମିତି କୋକେଇ କି ସବାରିରେ ଯିବା ।

ଫେରି ଆସିବ ବୋଲି ଅପେକ୍ଷା ଭଳି ବୋକାମୀ
ଖାଲି ମୋର ନୁହେଁ, ସେ ଫୁଟା ଫୁଲର ବି
ହେଲେ ମୋ ଆୟୁଷ, ତା ଠୁଁ ଯଥେଷ୍ଟ ଅଧିକ
ତାର ଜନ୍ମ, ଯୌବନ, ପ୍ରେମ, ମରଣ ତ ଗୋଟିଏ ଦିନ
ସେଇଥିପାଇଁ ତ ମୋର ଏତେ କଷଣ ।

ମୋ ଆଖିରେ ପଟି, ତୁମେ ବାନ୍ଧିଛ, ମୁଁ ଜାଣେ
ତୁମେ ଲୁଚିଛ, ଆଉ ଲୁଚାଇଛ ନିଜକୁ
ଯାହା ତୁମେ ଭାବୁଛ, ମୁଁ ଜାଣେ ନାହିଁ
ସେ ଆଉ କିଛି ନୁହେଁ,
ସେ ମୋର, ହୋଇପାରେ ତୁମର, ନିଜସ୍ୱ ଦୁଃଖ ।

ତୁମ ଖେଳ ଏମିତି ନୃଶଂସ,
ବନ୍ଦ ପଞ୍ଜୁରୀରେ ଏପାଖେ ଭୋକିଲା ସିଂହ,
ସେପାଖେ ଭୋକିଲା ଝିଅ
ହେଲେ ଜାଣି ରଖ, ମୁଁ ହିଁ ଠିକ କରିବି
କିଏ ଜିତିବ, କିଏ ହାରିବ;
ତୁମେ ଯେଉଁ ଫଳାଫଳ ଏ ଯାଏଁ ଜାଣିନ, ତାକୁଇ ମାନିବ।

ଅଙ୍ଗାର

ଭାବି ନବାର ଥିଲା
ତୁମେ ନିଶ୍ଚେ ରହିବ,
ଯେଉଁଭଳି,
ଚହଲି ଯାଇଥିବା ପେଗ୍‌ର ଶେଷ ବୁନ୍ଦା ସୁରା
ଚହଲି ଚାଲୁଥିବା ଦେହର ଛାଡ଼ି ଆସୁଥିବା ନିଶା ।

ମରୁଭୂମିରେ ପାଦ ଦେବା ମାନେ
ଶୋଷର ବିଶ୍ଵାସ, ଗୋଟେ ୟାମ୍ଭା ମରୀଚିକା
ସମୁଦ୍ର ଲହଡ଼ି ଆଉ ବାଲିବନ୍ତ ମଝିରେ
ଗୋଟେ ହଜିବା ଅପେକ୍ଷାରେ ଥିବା ପାଦଚିହ୍ନ
ତଥାପି ଗୋଟେ ଖୋଜୁଥିବା ଆଖିର ପର୍ଦ୍ଦାରେ ତୁମେ ।

ଜଳି ସାରିଲା ପରେ ବିଶ୍ଵାସ, ଜଳସାଘର
ଭିତାମାଟି, ଦେବାଳୟ
ତୁମଦେହର ସବୁ ଜୀବକୋଷ
ତଥାପି ତୁମ ଆଖିରେ ନିଆଁର ଝୁଲ
ତୁମେ ଆକଟ କରୁଛ, ମଣିଷ ପଣିଆକୁ, ଶେଷ ସମ୍ଭାବନା ।

ତୁମେ ଦଙ୍ଗା ପରର ଦିକଦିକ ଜଳୁଥିବା ପ୍ରୟାସ
ହୁଏତ ବିପ୍ଳବ ପରର ଶାନ୍ତି,
ଅବା ଶାନ୍ତି ଭାଙ୍ଗିଥିବା ବିପ୍ଳବ,
କିନ୍ତୁ ତୁମକୁ ଛୁଇଁବା ଅର୍ଥ ଜ୍ୱଳନ
ଅବା ଆତ୍ମ ଅନୁଶୀଳନ ।

■

ଅନାଗତ

ଆଲୁଅର ରୋଷଣୀରେ ବି ତା ଚାରିପାଖ ଅନ୍ଧାର
ସେ ନିଜକୁ ମୁକୁଳାଇ ପାରୁନି କି
ମୁକୁଳା ହେଇ ପାରୁନି
ତାର ଶୀତଳ ଚାହାଣୀକୁ ଚାହିଁ
କେତେ ଆଖି ଆହୁରି ଲୋଲୁପ
ତା'ର ସବୁ ସଞ୍ଚିତ ବଳ, ଝଡ଼ିଯାଉଛି ପର ଭଳି
ତା' ଡେଣା, ଅସାଡ଼, ଫଡ଼ଫଡ଼
ଯେଉଁ ଖୁଦ ପାଇଁ ତାର ଥିଲା ଭୋକ
ସେ ଭୋକ ବାଟ ବଣା ହୋଇ ଖସିଗଲା
ଭୟର କାଳ କୋଠିକୁ
ଏବେ ଖାଲି ଗୋଟେ ନିର୍ଲିପ୍ତ ପ୍ରତୀକ୍ଷା
ତା ପରେ କଣ ଥିବ ?
ଲୋଟୁଥିବା ଦେହ, ଚିରି ଯାଇଥିବା ମାଂସ
ଭଙ୍ଗା ହାଡ଼, ଝଡା ପର
ଏବେ ଆଉ ଭାବିବାର କଣ ଅଛି
ଏ ଧ୍ୱସ୍ତ ସମର୍ପଣ ପୂର୍ବରୁ
ନ ଭାବିବା ଇ ଭଲ, ଏ ଭଳି ନିୟତିକୁ ।

■

ଅସହାୟ

ଏଇଠି ଚାଟିରି ପଡ଼େ ମେଲଣରେ
ଦୋହଲି ଦୋହଲି ରାଧାକୃଷ୍ଣ ଚାଲନ୍ତି କାନ୍ଧରେ
ଏଇଠି ତାଜିଆ ବୁଲେ, ବୁଲେ ତାମଜାନ
ଏଇଠି ଶୁଭେ ପାଲା ଭଜନ, କବାଲି, ଆଜାନ

ଏବେ ସବୁ ଶୁନସାନ
ପଥର ଗଦା ଦେଖିଲେ ଭୟ
ବାଉଁଶ ଗଦା ଦେଖିଲେ ଭୟ
ସେ ମୋତେ ଚାହିଁଲେ ଡର
ମୁଁ ତାକୁ ଚାହିଁଲେ ଡର ।

କିଏ କହେ ଏଠି ମନ୍ଦିର ଥିଲା
କିଏ କହେ ଏଠି ମସ୍‌ଜିଦ ଥିଲା
ମୁଁ କହେ ମନ୍ଦିର ହେଉ କି ମସ୍‌ଜିଦ
କୋଉ ଗୋଟେ ଈଶ୍ୱରର ଘର ତ ଥିଲା
ତାକୁ ବେଘର କରନା, ଦର୍କାର ବେଳେ ସେ ଇ ସରକାର ।

ଏ ଶୂନ୍ୟତା, ବନ୍ଧ୍ୟା ନୀରବତା
ଚରିଯାଉଛି ମୋ ସତ୍ତା
ମରି ଯାଉଛି ମୋ ଭିତରର
ଅବଶେଷ ଥିବା ମାନବତା ।

କିଏ ପାରିବ ତ ମୋତେ ବଞ୍ଚାଅ
ମୋ ଆଖି ଆଗରେ ପ୍ରଳୟ
ମୋର ଦେହ ମନ ସବୁ ଜଳମୟ
ମୁଁ ବଡ଼ ଅସହାୟ, ବଡ଼ ଅସହାୟ ।

ଅପରିଚିତ

ସେ ଆସିଲେ
ପଡିଥିବା କାଠ ଚଉକିରେ ବସିଲେ
ଦେଖିଲେ ଖୋଲା ଦୁଆର ରାସ୍ତା
ପୁଣି ଉଠି ବାହାରିଗଲେ।

କେହି ଜାଣିଲେ ନାହିଁ
ତାଙ୍କର ଉଦ୍ଦେଶ୍ୟ
ମୁଁ କିଛି ବାଟ ଯାଇ, ପଚାରିବାର ଥିଲା
ପାରିଲି ନାହିଁ, ଦୁଆର ଡେଇଁ।

ମୋର ପଚାରିବାର ଥିଲା
କେଉଁଠି ପୋତା ହୋଇଛି ସୁଖ
ଆକାଶ ନା ମାଟିରେ
କେତେ ଦୂରରେ ?

ତାଙ୍କ ପାଖରେ ଉତ୍ତର ଥିଲା,
ସେ ଖୁସି ଥିଲେ, ପରିପୂର୍ଣ୍ଣ ଥିଲେ
ମୋତେ ବି କହିବାକୁ ଚାହୁଁଥିଲେ, ସୁଖର ଠିକଣା
କିନ୍ତୁ ପହଁଚି ପାରିଲି ନାହିଁ, ଏତେ ପାଖରେ ଥାଇ।

ତାଙ୍କ ଜ୍ଞାନ ଓ ମୋ ଅଜ୍ଞତା
ଭିତରର ଫାଂକରେ, ଗଳି ଚାଲିଗଲା ସମୟ
ତା ଭିତରେ ସେ ବି ଚାଲିଯାଇଥିଲେ, ଗହଳିକୁ
ସେମାନେ ସମସ୍ତେ ଅପରିଚିତ, ତାଙ୍କ ଭଳି ।

ପାଟି କରି ଡାକିଲେ, ଆଉ କିଛି ପଚାରିଲେ
ଆଉ କିଛି ମାଗିଲେ, ଅସୁନ୍ଦର ହେବ
ସେ ତ ଅପରିଚିତ ଏବେ, ଗହଳିରେ
ଯଦିଓ ଆସିଥିଲେ ପରିଚିତ ଭଳି, ହାତ ପାଆନ୍ତାକୁ ।

ଅଦମ୍ୟ

ମୁଁ ସିସିଫସ ଭଳି ଦୃଢ଼
ସମ୍ବଳ, ଖଣ୍ଡେ ବାଡ଼ି, ବଡ଼ ପଥର
ସାମ୍ନାରେ ପାହାଡ଼

ମୁଁ ହରେଇ ନାହିଁ ଦଂଭ
ସାଲାଇନ ଭଳି, ଶୁଷ୍କ ଦେହରେ
ଭରି ଦେଉଛି ଗତାନୁଗତିକ ଉତ୍ସାହ

ଦେଖ ମୋ ଦେହର ଉତ୍ତାପ
ସଂଚରି ଗଲେ ମୋ ସତ୍ତା
ମୋ ସାମ୍ନାରେ ଅଛି ଜହ୍ନର ଝରଣା, ହେଲେ ପହଞ୍ଚିବି ତ ?

ମୁଁ ଭିତରେ ଭାଙ୍ଗିରୁଜି ଗଲେବି,
ତରଳି ଗଲେବି
ଦେଖ ମହମ ଭଳି ଜମାଟ ।

ସବୁ ଠିକ ଅଛି
ଖାଲି ଅଧା ଶୁଖିଲା କାଠ ଚମ୍ପା ଗଛକୁ କହିବ
ପଠାଇବ ଭାରେ ଫୁଲ
ଅଧା ମରା ଆମ୍ବ ଗଛକୁ କହିବ

ଦେବ ଭାରେ ବଉଳ
ସେଇଥିରେ ସଜେଇଦେବ ମୋର ଶବାଧାର।

ସମସ୍ତେ କହିବେ ଏ ଏକ ଦୁଃଖଦ ମରଣ
ହେଲେ ତୁମେ ମୁଁ ଜାଣିଥିବା ଏ ଏକ ସଂତୃପ୍ତ ନିର୍ବାଣ।

■

ଅଲଗା

ଏତିକିରେ ସନ୍ତୁଷ୍ଟ ନୁହେଁ ସେ
କହିଲା, ଅଲଗା ହୁଅ, ଭିଡ଼ ଭାଙ୍ଗ
ମାନି ନେଲି,
କହିଲା ନିର୍ବାସିତ ହୁଅ, ହେଲି।

ଦିନରେ ମୋ ନିଜ କକ୍ଷ ପଥରେ
ଖୋଜିଲି ସୂର୍ଯ୍ୟର ଉତ୍ତାପ,
ଆଉ ଖରାର ଆୟୁଷ
ଅନ୍ଧାରରେ ଖୋଜିଲି ରାତିର ରହସ୍ୟ।

ଆଖି ହଟେଇ ନେଲି ଖବର ରୁ
ଉନ୍ମୁକ୍ତ ସ୍ତନ, ଘନ ଜଘନରୁ,
ଦେଖିବାକୁ, ସୁସ୍ୱପ୍ନ।

ଶୁଣିବାକୁ ଚେଷ୍ଟା କଲି,
ନୀରବତାର ଆର୍ତ୍ତ ଚିତ୍କାର,
କାନ ଡେରି,
ମୋ ପରିଧିରୁ ଗୋଡ଼ ମୁଁ ନ କାଢ଼ି।

ହେଲେ ଏତିକିରେ,
ତୋ ଖେଳ ସରିଲା ନାହିଁରେ ପାଷଣ୍ଡ

ମନ ତୋର ଭରି ନାହିଁ, ଏ ଯାଏ
ମୋ ଦେହର ଶେଷ ରକ୍ତ ବୁନ୍ଦା, ପାଣି ଫାଟିବା ଯାଏଁ।

କିନ୍ତୁ ତୁ ଦେଖ,
ତୁ ମାରି ପାରୁନୁ ମୋ ଭିତର, କବିତା ସୁରକୁ
ଅନ୍ତତଃ, ତୁ ନିଶ୍ଚିହ୍ନ ହେବା ଆଗରୁ
ବୁଝିବୁ ଏ ଅଲଗା ଯୁଦ୍ଧକୁ।

ଦେଖ, ଅଲଗା, ଏକାକୀ ପଣ
ମୋତେ ମାରିପାରେ ସାମୟିକ,
ହେଲେ ତୋତେ ପୁରା ମାରି ସଫା କରିଦିଏ।
ଆଉ ଦୁଆର ଖୋଲି ଦିଏ,
ମୋତେ, ମୋ ପରିଚିତ ଗଳି, ଗହଳି କୁ, ପଠାଇ ଦେବାକୁ।

(ବିଶ୍ୱ କବିତା ଦିବସରେ ଓ ଜନତା କର୍ଫ୍ୟୁ ପୂର୍ବରୁ କରୋନାମେଧ)

■

ଅଲାଜୁକ

ସେଠି ଯିଏ ଚାହିଁଛି ଏଡ଼େ ବଡ଼ ଆଖିରେ
କ'ଣ ଦେଖୁଛି
ସମୁଦ୍ରର ଉଚ୍ଛୃଙ୍ଖଳତା
ନା ଦେହରେ ଜଡି ଯାଇଥିବା ଶାଢ଼ି

ସେ ଏମିତି ଚାହିଁ ରହେ ସବୁବେଳେ
ସବୁଜ ଗାଲିଚାରେ ଥିରିଥିରି ଚାଲିଥିବା
ସାଧବ ବୋହୂକୁ, ପୁଣି ମୁହଁ ଫେରେଇ ନିଏ
ଦିଗବଳୟକୁ, ଦେଖିବାକୁ କମ୍ବଳ ତଳୁ ବାହାରିଥିବା ଅନୁଢା ତାରାକୁ

ତା' ଆଖି ଗୁମ୍ଫାରୁ ଚମକି ଯାହା ବାହାରି ଯାଏ
ସେ ଚକମକି ପଥରର ଆଦିମ ଆଲୋକ
ସେ ଭେଦି ଯାଏ, ଦେହ, ମନ,ଶୀତେଇ ଯାଏ ଅସ୍ତିତ୍ୱ,
ମନହୁଏ କେତେବେଳେ ଢାଙ୍କି ହେବାକୁ ବା ମୁକୁଳି ଯିବାକୁ

ତା' ଆଖିରେ ମୁଁ କେତେବେଳେ ବଡ଼ ତ କେତେବେଳେ ଛୋଟ
ଆକ୍ୱାରିଅମ ଭିତରର ମାଛ ଭଳି
କେତେବେଳେ ପ୍ରେମିକା, କେତେବେଳେ ଗଣିକା
ସେ ସବୁ ଜୀର୍ଣ୍ଣ କାଂଥରୁ ପଢ଼େ, ମୋ ନାଁ ତା ନାଁ ଯୋଡ଼ା
ଅଶ୍ଳୀଳତା

ପୁଣି ଥରେ ଚାହେଁ ନିଜକୁ, ମୋତେ
ସେ କେବେ କହେ ନାହିଁ ଯା କି ଆ
ମୋ ମନ କହେ ଅଧା ପାଣିରେ ହାତ ଟେକି ସାରିଲା ପରେ
ମୋ ଲୁଗା ମୋ ଉପରକୁ ପିଙ୍ଗି ଦେଇ ଯାଅ ମୋ ଈଶ୍ୱର
ସବୁ ଦେଖି ସାରିଲା ପରେ, ଆଉ କଣ ଦେଖିବ ମୋ ଠାରେ ?

■

ଅସର୍ତକ

ଦୁଇଟି ପାରା ଆସନ୍ତି ଝର୍କାରେ
ଘୁଟୁରୁ ଘୁଟୁରୁ ହୋଇ ଡାକ ମାରନ୍ତି
ଖୁଦ ଦିମୁଠା ଖୁଂପି ଖୁଂପି ଚାଲନ୍ତି
କ'ଣ ଗପନ୍ତି, କିଂତୁ ଖୁସି ଥାନ୍ତି

ଏବେ ଖାଲି ଗୋଟିକୁ ଦେଖୁଛି
ଆର ଜଣକ ଏକେଲା ବସିଛି
ହୁଏତ କାହାକୁ ଖୋଜୁଛି
ମୋ ପାଖରେ ଉତ୍ତର ନାହିଁ, ଖୁଦ ସେ ଖାଉନାହିଁ

କହିବି କି ସେ ସଂଗରୋଧରେ
ନା ପଡି ରହିଛି କେଉଁ ଆଇ.ସି.ୟୁ.ରେ
ନା କହି ହେଉଛି, ଅପ୍ରିୟ ସତ୍ୟ
ନା ହଜମ ହେଉଛି, ସମୟ ଟାଳିବା

ଅଳିଆ ପୃଥିବୀ ଟିକେ ହାଲୁକା ହେଉଛି
ଘସି ମାଜି ଗାଧୋଇ ଯାଉଛି
ତଥାପି କେତେ ନିର୍ମମ ଲାଗୁଛି
ମୋ ଅସର୍ତକତା ହିଁ ବଢ଼େଇଛି ତା ସତର୍କତା

ମୁଁ ଆଜି ଏକୁଟିଆ ପାରା
ସବୁ ପରିଜନ ଯେମିତି ସଙ୍ଗରୋଧରେ
ମୋତେ ଖୁଦ ବିଷ, ନାହିଁ ଶୋଷ
ତଥାପି ଭୁଲିନାହିଁ ଝରକା ପାଖରେ ମୁହଁ ଗୁଞ୍ଜିବା
ଆଉ ଫେରିବା ବାଟକୁ ଚାହିଁବା
କୋଳାହଳ ନିଶ୍ଚେ ଫେରିବ, ଫେରିବ ଗହଳ ଚହଳ
ସେଥିରେ ବୋଧେ ଫେରି ଆସିବ ଆଉ ପାରାଟି ।

■

ଅଭାବ

ସେମାନେ ସମସ୍ତେ ଧାଡ଼ି ବାନ୍ଧି
ଅପେକ୍ଷା କରିଥିଲେ ମୋ ଦୁଆରେ
ସମସ୍ତଂକର ତ କିଛି ପାଇବାର ଥିଲା ମୋ ଠୁଁ
ପାଖୁଡ଼ାର ରଙ୍ଗ
ମହୁଫେଣାର ମହୁ
ନଷ୍ଟ ଅଭିସାର
ଚାତକ ପାଇଁ ଦି ଟୋପା ଲୁହ
ସାହାନାଇର ସୁର
ସବୁ ନେଲେ ନିଜର ପାଉଣା
ତୁମେ ଥିଲ ଧାଡ଼ି ଶେଷରେ
ତୁମ ଚାହାଣୀ ଟିକେ ଭିନ୍ନ ଥିଲା
ତୁମକୁ ମୁଁ ବୁଝି ପାରିଲି ବା କେବେ
ତୁମର ଯଦି ନ ଥିଲା କିଛି ପାଇବାର
କାହିଁକି ଥିଲ ଏତେ ଲମ୍ବା ଧାଡ଼ିରେ, ଶେଷରେ
ଏବେ ମୁଁ ତ ନିଃସ୍ୱ
ମୋ ଭିତରର ସବୁ କୋଠରୀ ଖାଲି
ଏବେ ଖାଲି ମୁଁ ହିଁ ଅଛି
ନେବ ଯଦି ନିଅ
ତୁମେ ଆସିଛ
ଖାଲି ହାତରେ ଯିବା କି ନଯିବାର
ଇଚ୍ଛା ତୁମର ଏକାନ୍ତ ନିଜସ୍ୱ। ■

ଅଦୃଶ୍ୟ

କଉଠି ଅଛୁ, ଥରେ ଦେଖନ୍ତି
ଖୋଜି ଚାଲିଛି, ରଂକ ଭଳି
ତୋରାଣିରୁ ଭାତ ଗଣ୍ଡେ
ପାଉନାହିଁ ।

ଖୋଜିଚାଲିଛି ବେଳାଭୂମିର ଛାତିରୁ
ଯୋଡ଼ାଏ ପରିଚିତ ପାଦ ଚିହ୍ନ
ପାଉନାହିଁ ।

ପିଆଲାର ଶେଷ ଚୁମୁକରୁ
ଖୋଜୁଛି ଗୋଟେ ମହୁଆ ନିଶା ମତୁଆଲାର
ପାଉନାହିଁ ।

ଅବସରର ଏ ସୀମା
କେଉଁଠି ଶେଷ, ଖୋଜୁଛି
ପାଉନାହିଁ ।

କି ପୋଷାକ ପିନ୍ଧିଛୁ
ନା ଦିଶୁଛୁ ବର୍ଣ୍ଣାଢ୍ୟ ଆଲୋକେ
ନା ଶୁଦ୍ଧ ଦୀପାଳିରେ ।

କେଉଁଠି ହଜିଛୁ
ଅପରିସୀମ ଆକାଶ ରାହାରେ
ନା ସାଗର ତଳର ଅନ୍ଧାରି ଗୁହାରେ।

ଥରେ ଆ, ଆଖି ପୁରାଇ ଦେଖି ନିଏ
ତା ପରେ ତୁ ଯିବୁ ତୋ ନିଜ ବାଟରେ
ତୁ ତ ଜାଣିଛୁ, ମୋର ପାରିଲା ପଣ
ପାରିବି ନାହିଁ ଅଟକାଇ, ଯେତେ ମୁଁ ଚାହିଁଲେ।

ଅଭେଦ୍ୟ

ମୋ ଚାରିପଟେ ମୁଁ ଗଢ଼ି ଦେଇଛି ପାଚେରି
ମୋ ନିରାପତ୍ତାର
କିନ୍ତୁ ମୋ ସଙ୍କୁଚିତ ଅସ୍ତିତ୍ୱରେ
ଶଂକା ବେଶି, ଧୈର୍ଯ୍ୟ କମ।

ମୁଁ ପାଚେରି ଡେଇଁଲା ବେଳକୁ
କଣ ଥିବ ବସନ୍ତ, ବଉଳ,ମଧୁମାସ ?
ଛାତ ଉପରକୁ ଗଲେବି
ଦିଶୁଛି ତାରାର ପଥୁରିଆ ଆଖି, ଜହ୍ନର ଉଦାସ ମୁହଁ।

ବିଶ୍ୱାସ କର ଏ ପାଚେରି ଭିତରେ
ମୁଁ ସଞ୍ଚି ନେଇଛି ମୋ ଦେହରେ ଏତେ ଉଦାସୀ
ଏବେ ମୋ ଠି ନାହିଁ ପୋକ୍ଷେ ବି ଜାଗା
ଗଢ଼ିବାକୁ ମଧୁକୋଷ ଅବା ବୁଢିଆଣି ଜାଲ।

ମୋ ଉଲଗ୍ନ ସତ୍ତା ଚାରିପଟେ ବହଳ ବକଳ
ତଥାପି ତୁମେ ମୋତେ ଦେଖାଉଛ ଭୟ
ଭୂତାଣୁର ସଂକ୍ରମଣ ଆସନ୍ନ ମରଣ
ମୁଁ ମାନିଛି ବୋଲି ତ ଅଛି ପାଚେରି ଭିତରେ।

ଆଉ କେତେଦିନ କୁହ
ଭୋଗିବି ଥାଇ ନଥିବାର ଶୂନ୍ୟତା
ଆଉ ପାଚେରି ଘେରାରେ
ସଂକ୍ରମିତ ରୁଗ୍ଣ ସ୍ୱାଧୀନତା ।

ଡେଇଁ ଗଲେ ପାଚେରି
ରୋକି ହେବ ନି ସୁନା ହରିଣୀର ମାୟା
ପ୍ରସାରିତ ହାତ ଆଉ ତୃଷିତ ଅଧର
ତାହା ହିଁ ବିହିତ ଦୀପ ଶିଖାରେ ପତଙ୍ଗର କାଳ ।

ଆଉ ପାଚେରି ଆଉ ଟାଣ
ଜମାଟ ବାନ୍ଧୁ ଆର୍ଦ୍ର ଟାଣ ପଣ
ହେବା ଆଗରୁ ଆଉ କିଛି
ମହା ଅଘଟଣ, ମହା ଅଘଟଣ ।

■

ଅଥଚ

ସେ କେତେବେଳେ କ୍ଷୀର ପିଆଏ
କେତେବେଳେ ଆକଟ କରେ
କେତେବେଳେ ବୁଝାଏ
କେତେ ବେଳେ ଟାଣି ନେଇ ବନ୍ଦ କରେ କୋଠରୀରେ।

ଜଳୁଥିବା ନିଆଁ ଲିଭାଏ
ଜଳୁଥିବା ରାଗ ଦବାଏ
ଗାଡି ସିଧା କରେ
ଧାଡି ସିଧା କରେ।

ରାତି ରାତି ଜଗେ
ଖରା ବର୍ଷା ଭୋଗେ
ତାର ଦାୟିତ୍ୱ କା ପାଇଁ ଆଶ୍ୱାସନା
କା ପାଇଁ ତାଡନା।

ସେ ଗୁଳି ଆଗରେ ଛାତି ପତାଏ
ଗାଳି ପାଇଁ ବି ପରୱା ନ ଥାଏ
ଆମକୁ ସାଇତି ରଖି
ସେ ଉଜୁଡି ଯାଏ।

ଦେହରେ ଝାଳ
ପେଟରେ ଭୋକ
ଆଖିରେ ନିଦ
ସବୁକୁ ମାରି ଆମକୁ ଆଶ୍ୱସ୍ତି ଦିଏ।

ଏବେ ତା ସାମ୍ନାରେ ଅଦୃଶ୍ୟ ଶତ୍ରୁ
ଚାହିଁଲେ ଦେଖି ପାରୁନି
ଚାହିଁଲେ ରୋକି ପାରୁନି
ସେ ଶତ୍ରୁ ରକ୍ତବୀର୍ଯ୍ୟ ଭଳି ମାଡିଯାଉଛି।

ତା ପାଖରେ ସେ ଆହ୍ୱାନ ବି ନୁହେଁ ଏମିତି କିଛି
ଏମିତି ଆଗରୁ ସେ ଅନେକ ଭୋଗିଛି
ଅଥଚ ଯାହା ପାଇଁ ସେ ଦିନ ରାତି ଏକା କରିଦେଇଛି
ସେ କଣ ତାକୁ ବୁଝିଛି ?

ସେ ତାକୁ ପଥର ମାରେ
ତା ମରଣ ମନାସେ
ରୋଗିଣା ଦେହକୁ ତା ଠି ଘସେ
ସଭା କରି ତାକୁ ଅନେକ କୋସେ।

ଆମକୁ ଘରେ ରଖି ସେ ପଦାରେ
ଅଥଚ ତା କଥା କେହି ଭାବିଛି ଥରେ
ଏ କରୋନା ଗ୍ରସ୍ତ ଦ୍ରୋହ କାଳେ
ବା, ଆଉ କେତେ ବେଳେ।

∎

ଅକାଳ

ଖାଁ ଖାଁ କ୍ଷେତ, ଗାଁ ଦାଣ୍ଡ
ବରଗଛ ମୂଳ, ନଈ କୂଳ।

ସହର ରାସ୍ତାରେ ପୁଲିସର ସାଇରେନ
ବୁଲା କୁକୁରଙ୍କ ମେଳ।

ଘର ଭିତର ବି ଖାଲି ଖାଲି
ସରି ଗଲାଣି ଶବ୍ଦର ତୂଣୀର।

ସରିଗଲାଣି ଶୁଣିବା ସବୁ ପ୍ରିୟ ଗୀତ
ସରିଗଲାଣି ଗୁଣୁଗୁଣୁ ଗାଧୁଆ ଘରର ବେସୁରା ସଙ୍ଗୀତ।

ତମେ ଅତିଥି ହୋଇ ଆସିଛ
ମୋ ଘର ଦୁଆରେ ଲକ୍ଷ୍ମଣର କଟା ତିନି ଗାର।

ମୁଁ ଗୋଡ଼ କାଢିଲା ପରେ ସିନା ବୁଝିବି ତୁମ ଷଡ଼ଯନ୍ତ୍ର
ସେ ପର୍ଯ୍ୟନ୍ତ ସୁରକ୍ଷିତ ମୋର ଅନ୍ଦର ମହଲ।

ତୁମେ ଯାହା କହି ପାରୁନ ମୁଁ ତାହା ବୁଝେ
ଆଜି ଶସ୍ତା ତୁମେ ଯାଚୁଥିବା ଛଦ୍ମବେଶୀ ଧନ
କିନ୍ତୁ ମହର୍ଗ ଜୀବନ।

ହେ ଅତିଥି, ଫେରି ଯା ଏଥର
ମୁଁ ନା ସୀତା ନା ସତୀ, ମୁଁ ଛାର ମଣିଷ କେବଳ
ସେଇଥି ପାଇଁ ବୁଝି ପାରୁଛି, ତୁମ ଷଡ଼ଯନ୍ତ୍ର
କଣ କାଳ, ଆଉ କଣ ଅକାଳ।

ଅନାମ

ଏଥର କ'ଣ ଦେବ ମୋ ନାମ ?
କୋଇଲି ନା କୁହୁ
ମାଦଳ ନା ଆବାଜ
ଝରଣା ନା କୁଳୁକୁଳୁ
ନୂପୁର ନା ରୁଣୁଝୁଣୁ
ଫୁଲ ନା ବାସ୍ନା
ପେଟ ନା ଭୋକ
ଭିକାରୀ ନା ଭିକ
ଆଖି ନା ଶୋକ
ଜହ୍ନ ନା କଳଙ୍କ
ନିଦ ନା ରାତି
ଦେହ ନା ତାତି

ତୁମେ ବାଛି ପାରିଲ କିଛି
ନା ମୁଁ ଗଢ଼ି ପାରିଲି କୋଷ୍ଟି
ବ୍ୟସ୍ତ ହୁଅନି ଏତେ,
ଯାହା ଦେବ ଫେରେଇ ଦେବି ସସମ୍ମାନେ
ଆତ୍ମାର କଣ ଦରକାର ଆଧାର କାର୍ଡ ନା ନାମ ?
ମନ ଊଣା କରନି, ତୁମ ଦେଇଥିବା ନାଁ ଫେରେଇବି ସତ
ଫେରେଇବିନି ତୁମ ଦେଇଥିବା ପ୍ରେମ ।

■

ଅଭୁଲା

ଏତେ ଦିନ ଶୁନଶାନ ପଡ଼ିଲେ ରାସ୍ତାମାନେ ଯେ
ମୁଁ ଭୁଲିଗଲି ତୁମ ଘରଗଳି
ତୁମେ ଭୁଲିଗଲ ମୋ ଜନ୍ମଦିନ
ଯାହା ଗଲା ଗତକାଲି
କାଲିର କ'ଣ ବା ଅଲଗା ପରିଚୟ
ଯାହା ପାର ହେଇ ଗଲା ସେ ତ ଗୋଟେ ବାସି କାଲି

ଶୂନ୍ୟତା ଭିତରେ ବି ଏତେ ବ୍ୟସ୍ତତା ଥାଏ
ବହୁତ କିଛି ଭୁଲି ହୋଇ ଯାଏ
ମୋଟା ବହି ଭିତରେ ଛପି ଶୋଇ ଯାଇଥିବା ମୟୂର ପକ୍ଷ
ଲୁଗା ଥାକରେ ହାତବୁଣା ରୁମାଲ
ରାସ୍ତା କଡ଼ରେ ଶୋଇ ସ୍ୱପ୍ନ ଦେଖୁଥିବା ଭୋକିଲା ପେଟ ପାଇଁ ପାଣି
ଆଉ କାଗଜ ଉପରକୁ ଆସି ନ ପାରୁଥିବା ଶବ୍ଦର ଧାଡି।

ତଥାପି କେଉଁଠି ରାସ୍ତା ଟେ ଫିଟି ପଡେ
ଲେଉଟା ପାଦ ପୁଣି ଗଳି ମୁହାଁ ହୁଏ
ଆକାଶର ମେଘୁଆ କୋଳରୁ ଡେଇଁ ପଡେ ଚଗଲା ବିଜୁଳି
ବାଟ ଦେଖା ଯାଏ, ଘର ଦେଖା ଯାଏ, ବାଲକୋନି ଦେଖା ଯାଏ
ସେଇଠୁ ଦେଖା ଯାଏ ତୁମେ ମୁଁ ପାଣି ଦେଉଥିବା ଗୋଲାପ ଗଛ
ସେଥିରେ ଫୁଟିଥିବା ଫୁଲ।

ବାଉଳା ପବନ ଭୁଲେନି
ସେଠୁଁ ଟୋଳି ଆଣିବାକୁ ସେ ମଧୁର ବାସ୍ନା
ମୋ ପାଖରେ ପହଁଚିବା ଯାଏ
ଯାହାକୁ ମୁଁ ଦେହରେ ବୋଳି ପୁଣି ଫେରିଯାଏ।

■

ଅକୁହା

ଆମ ବସା ଠୁଁ କିଛି ଦୂରରେ
ହଲିମ ଭାଇର ବନ୍ଦ ଗ୍ୟାରେଜ
ହଲିମ ଭାଇ ଆଉ ରହେନି ଏଠି
ସେ ସ୍ୱର୍ଗରେ,
କିନ୍ତୁ ମୋ ଭଙ୍ଗା କାର ଏବେବି ଅଛି
ବହୁତ ସୋର ଶବ୍ଦ କରୁଥିଲା ତ
ତାକୁ ନେଇ ଯାଇଥିଲି ଗ୍ୟାରେଜକୁ
ଏବେ ସେ ଚୁପଚାପ,
ତଥାପି ମୁଁ ବୁଲି ଆସେ ସେଆଡେ ବେଳେବେଳେ।

ଆମ ବସାଠୁଁ, କିଛି ଦୂରରେ ଭଙ୍ଗା ଚାଳିଆ
ସେଠି ରହେ ବୁଢ଼ା ଚା'ବାଲା
ତା' ଚା' ନିହାତି ନିଆରା, ମୁଁ ଭୁଲି ପାରେନି
ସେଠି ରଡି କରି ଘୂରୁଥାଏ ଗୋଟେ ଅଳନ୍ଧୁ ଲେସା ଫ୍ୟାନ
ପରଳ ମଖା ଆଖି ପରି ଗୋଟେ ମିଞ୍ଜିମିଞ୍ଜି ବଲ୍ବ
ଏବେ କିଛିଦିନ ହେଲା କଟିଯାଇଛି ବିଜୁଳି
ପଇସା କାହିଁ ଦେବାକୁ ?
ଏବେ ସେ ପଙ୍ଖା ବି ନିରବ, ଆଲୁଅ ବି
ହୁଏତ ବୁଢ଼ା ବି ନିରବି ଯିବ, ମୁଁ ଯାଏଁ।

ଏବେ ମୁଁ ଏକେଲା ଏଠି,
ଚାରିପାଖରେ ବହି ଥାକ, ଭରପୂର ଶବ୍ଦଙ୍କ ଗହଳି
ମୋ ପାଖରେ ବି ଥାକ ହୋଇଗଲାଣି ଚିରା କାଗଜ
ମୁଁ କିନ୍ତୁ ସାଇତି ପାରୁନି ଶବ୍ଦ
ସବୁ କେମିତି ନିର୍ବାକ ନିସ୍ତବ୍ଧ
ସତରେ କଣ ଲେଖି ହୁଏ ନା କହିହୁଏ
ନିରୁତା ଭଲ ପାଇବାର ଶବ୍ଦ
କାହିଁ ତୁମେ କହିଥିବାର ତ ମୁଁ ଶୁଣିନି
କି ତୁମେ କ'ଣ ଶୁଣିଛ ମୋଠୁଁ, ମୋତେ ବି କହିନ।

■

ଅଭିଶାପ

ଭୁଲ କଲେ ତ ଅଭିଶାପ
ଭୁଲ କରିବା ଇ ତ ମୋର ପାପ
ସେଇଥି ପାଇଁ ତ ଏତିକି ତପ
ପ୍ରାୟଶ୍ଚିତ କଣ ଖାଲି ମୋ ପ୍ରାପ୍ୟ ?

ଜାଣେନି ଏତେ ଗୂଢ ରହସ୍ୟ
ଜାଣେ ନି କେମିତି କିଏ ହୁଏ ଦେହ ରୁ ବିଦେହ
କେମିତି ବହେ ଅବନା ବାଇ
ମୁଁ ତ ଗୋଟେ ଖର୍ବ ମଣିଷ
ମୁଁ ଭୁଲ କରିବା ଇ ଥୟ ।

ସେ ଭୁଲ ହୋଇପାରେ
ଜୀବନର ହିସାବ କିତାବ
ପାଇବା ଦେବାର ଚିଠା
ଠିକ ଠିକ ବାଣ୍ଟିବା, ହସ କାନ୍ଦ ଦୁଃଖ ସୁଖ ।

ଘୋଡ଼େଇ ପାରେନି କ୍ଷୀର ଗିନା
ଟାକି ବସିଥିବା ବିଲେଇ ଆଖିରୁ,
ସେ ତ ଛକି ଥାଏ ତା' ପ୍ରାପ୍ୟ ପାଇବାକୁ
ମୋର ଭୁଲ କରିବାରୁ ।

କଉଠି ସଜାଡି ହୁଏ ଗଛ ଲତା
ବାଡ଼ି ବଗିଚା, ଭଂଗା ମନ, ସଂସାର
ହଁ ସଜାଡି ହୁଏ ଫୁଲ, ଗୁନ୍ଥି ହୁଏ ହାର
କେତେବେଳେ ପିନ୍ଧେଇ ଦିଏ, କେତେବେଳେ ପିନ୍ଧେ
କେତେବେଳେ ହସେ, କେତେବେଳେ କାନ୍ଦେ।

ଜଳେ ବି ଜଳାଏ ବି
ତଥାପି ନିଜେ ଜଳିଲା ବେଳେ
ମୁଁ ଦେହରୁ ବାହାରି ଦେଖେ ମୋ ଜଳିବା
ଏଥର ମୋର ଛାଇ ପଡ଼େନା
ନା ମୋତେ ହସ ଲାଗେ ନା କାନ୍ଦ
ନା ସହମତି ନା ଦ୍ୱନ୍ଦ।

ମୁଁ ଭୁଲ କହୁନି ତ ଜ୍ଞାନୀ ଜନେ ?
ଯଦି ଭୁଲ କରିଛି କ୍ଷମା ଦିଅନି
ଦିଅ ଅଭିଶାପ ମଣିଷଟିଏ ହୋଇ ଜନ୍ମିବାର
ଆଉ ପୁଣି ଅନେକ ଭୁଲ କରିବାର।

■

BLACK EAGLE BOOKS

www.blackeaglebooks.org
info@blackeaglebooks.org

Black Eagle Books, an independent publisher, was founded as a nonprofit organization in April, 2019. It is our mission to connect and engage the Indian diaspora and the world at large with the best of works of world literature published on a collaborative platform, with special emphasis on foregrounding Contemporary Classics and New Writing.

v

www.ingramcontent.com/pod-product-compliance
Lightning Source LLC
Chambersburg PA
CBHW031126080526
44587CB00011B/1136
* 9 7 8 1 6 4 5 6 0 1 7 6 0 *